大展好書　好書大展

品嘗好書　冠群可期

【國際武術競賽套路】

③

刀術

國際武術聯合會　審定

李　杰／主編

劉同爲／執筆

大展出版社有限公司

《國際武術競賽套路》編委會

主　　編：李　杰
副 主 編：嚴建昌　　李雅佩
　　　　　吳　彬　　黃凌海
執行主編：程慧琨　　章王楠
編　　委：龐林太　　馬春喜
　　　　　劉同為　　李巧玲
　　　　　殷玉柱　　張躍寧
　　　　　石原泰彥
　　　　　陳志中　　馮宏芳
執 筆 人：李巧玲（長拳）　程慧琨（劍術）
　　　　　劉同為（刀術）　殷玉柱（棍術）
　　　　　張躍寧（槍術）

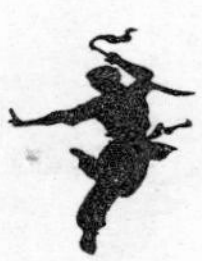

前　言

國際武術聯合會籌備委員會於1985年8月在中國西安市舉辦的第一屆國際武術邀請賽期間成立。1990年10月在中國北京正式成立了國際武術聯合會。

經過十年的努力，國際武術聯合會已發展成擁有世界五大洲83個會員協會的國際體育組織，並於1994年在摩諾哥被國際體育單項聯合會接納爲正式成員，1999年6月又在韓國漢城舉行的國際奥委會全會上得到國際奥委會的承認。從1991年起國際武術聯合會先後在中國、馬來西亞、美國、義大利和中國香港成功地舉辦了五屆世界武術錦標賽。

隨著國際武術運動的迅速發展，對武術競賽提出了更高的要求。爲此，中國武術協會受國際武術聯合會的委託，組織了部分會員協會的專家創編了新的國際武術競賽套路，包括長拳、劍術、刀術、棍術和槍術，經國際武聯技術委員會審定，並在1999年11月香港國際武聯代表大會上通過。現出版五個套路的書籍作爲向國際武術聯合會成立十周年的獻禮。

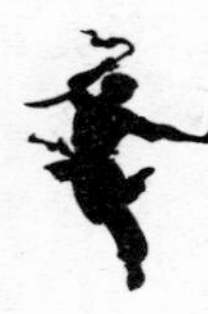

目　錄

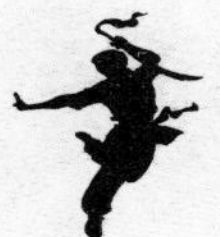

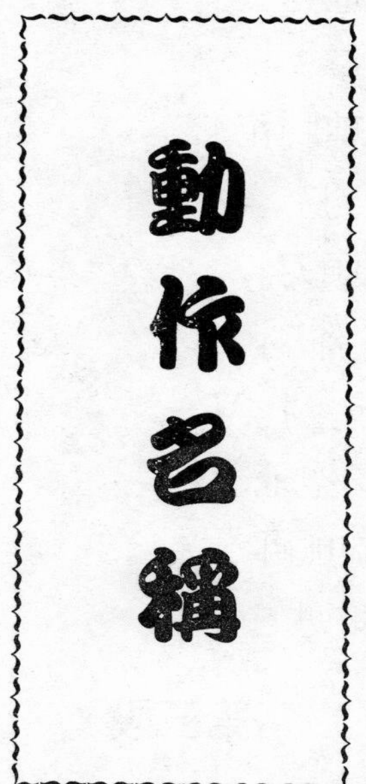

動作名稱

第一段

1. 預備勢
2. 抱刀單拍腳
3. 虛步抱刀
4. 掄臂拍地
5. 弓步推掌
6. 接刀右剪腕花
7. 上步扎刀
8. 轉身纏頭刀
9. 轉身裹腦刀
10. 前點步上扎刀
11. 擊步騰空飛腳
12. 接刀旋風腳
13. 馬步藏刀

第二段

14. 退步裹腦刀
15. 翻身掄劈刀
16. 右剪腕花雲刀
17. 提膝抹刀
18. 弓步扎刀

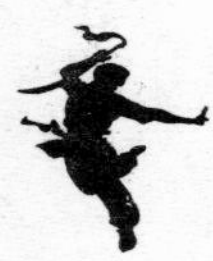

19. 回身分手扎刀
20. 墊步背刀
21. 弧行步纏頭刀
22. 騰空左右扎刀
23. 翻身掄劈刀
24. 滑叉扎刀
25. 轉身纏頭刀
26. 弓步砍刀
27. 翻身弓步扎刀
28. 旋轉格刀
29. 弓步藏刀

第三段

30. 轉身上步扎刀
31. 騰空掃刀
32. 回身撩刀
33. 震腳分手扎刀
34. 仆步藏刀
35. 扣腿扎刀
36. 掃刀旋子
37. 轉身抹刀
38. 退步分手扎刀

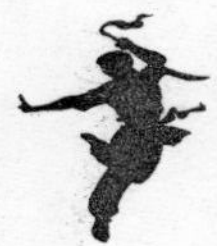

39. 退步左右剪腕花
40. 跪步推刀
41. 轉身裹腦刀
42. 提膝藏刀

第四段

43. 上步扎刀
44. 回身分手扎刀
45. 插步分手下扎刀
46. 轉身裹腦刀
47. 墊步下截刀
48. 掃刀側空翻
49. 併步分手扎刀
50. 弓步扎刀
51. 併步斬刀
52. 轉身纏頭刀
53. 接刀併步亮掌
54. 收　勢

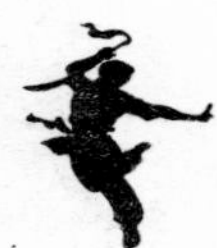

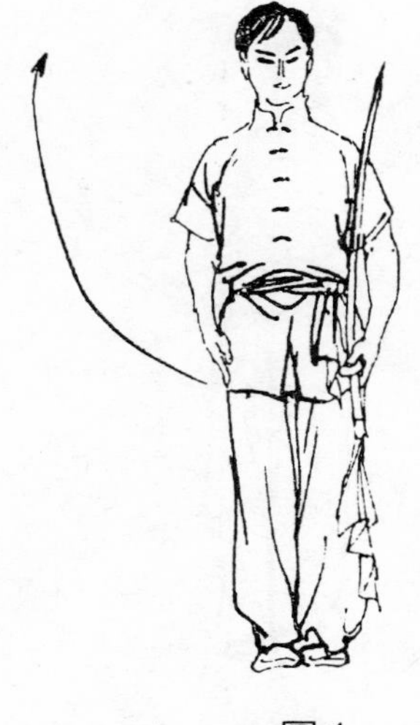

動作說明

圖1

第一段

1. 預備勢

兩腳併步站立，左手抱刀垂於身體左側，右臂自然垂直於身體右側；目視前方。（圖1）

註：圖中實線表示右手、右腳和刀尖的運行路線，虛線表示左手、左腳和刀柄的運行路線。

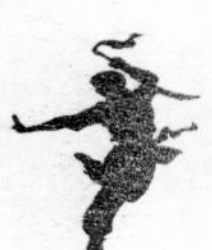

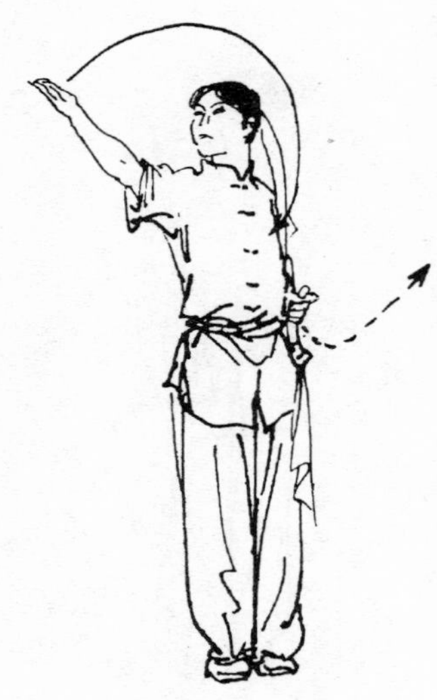

圖 2-1

第一段

2. 抱刀單拍腳

（1）左手抱刀收於腰側，右臂外旋直臂向右前方擺起，掌心向上；目視右前方。（圖 2-1）

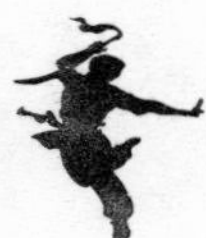

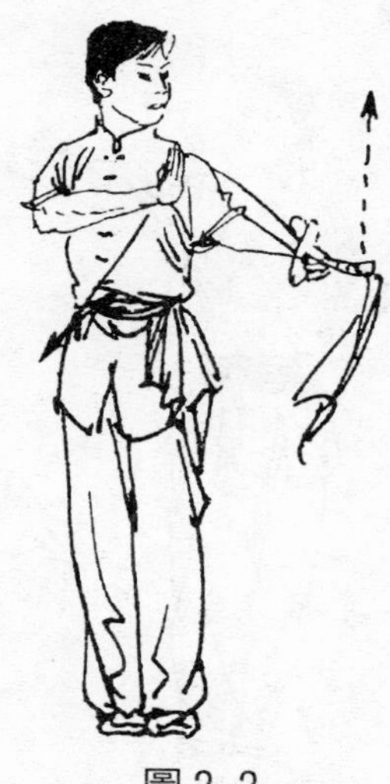

圖 2–2

第一段

（2）右臂上擺後向上、向左屈肘，右掌擺至左肩前，左手抱刀直臂向右上方擺起。（圖 2–2）

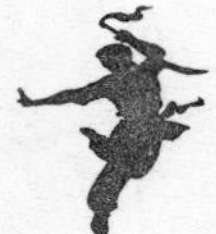

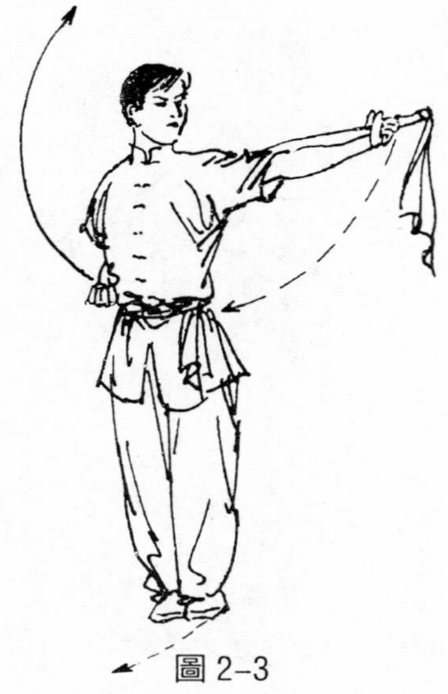

圖 2-3

（3）右掌收至右腰側成握拳，拳心向上，左臂上擺至與肩同高；目視左前方。（圖2-3）

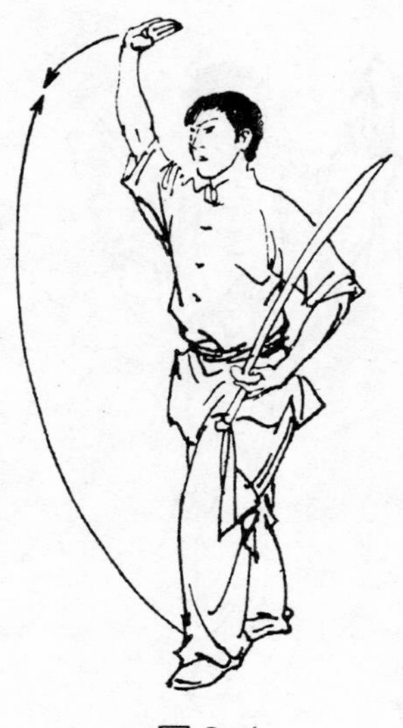

圖 2--4

第一段

（4）左腳向右前方上步，左臂屈肘抱刀收於左腰側，右手上舉；目視右前方。（圖 2-4）

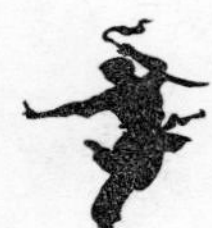

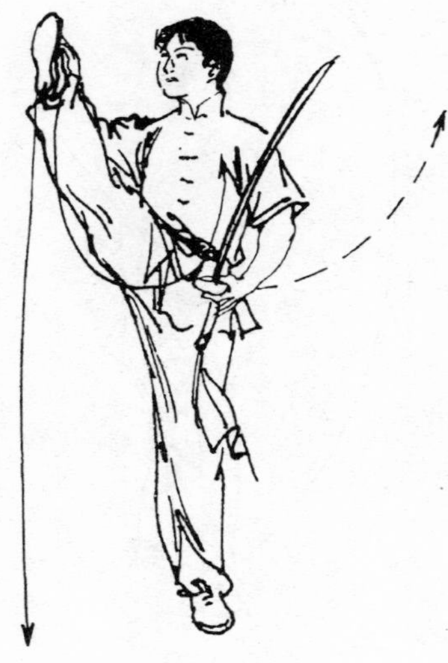

圖 2–5

第一段

（5）重心移至左腳，右腿向上擺起，右掌心擊拍右腳腳面；目視右前方。（圖 2–5）

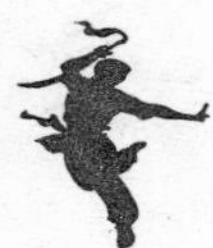

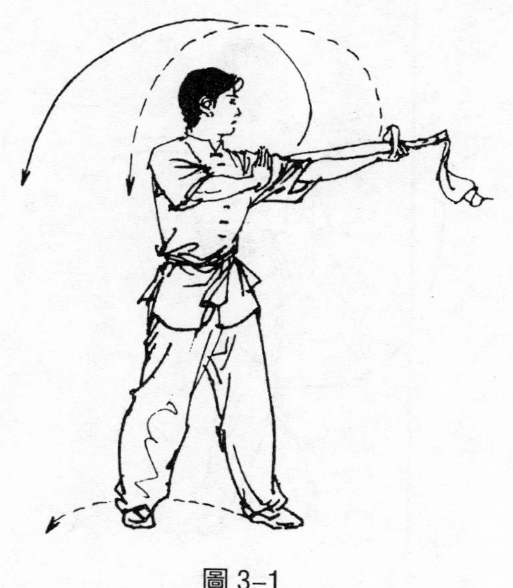

圖 3-1

第一段

3. 虛步抱刀

（1）右腳向下落步，右臂直臂經腹前向左，左手抱刀直臂向左擺起；目視左方。（圖3-1）

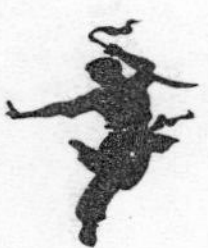

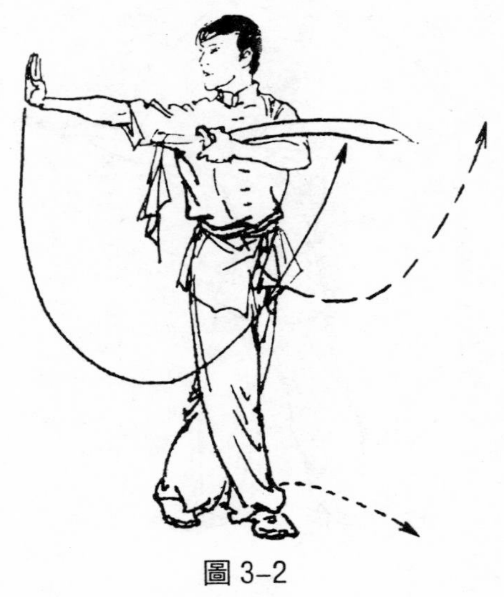

圖 3–2

第一段

（2）左腳向右後方落地，前腳掌點地，右臂繼續向上、向右直臂成立圓擺動，左手抱刀與右臂同時向上、向右擺動；目視右前方。（圖 3–2）

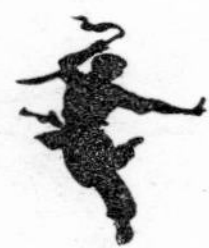

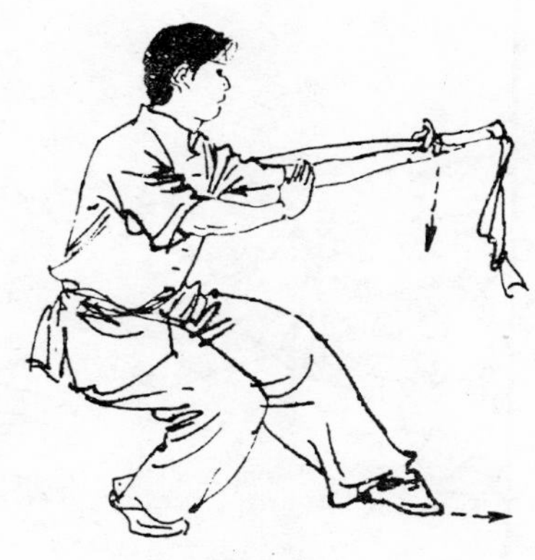

圖 3–3

第一段

（3）右腿屈膝半蹲，左腳向左落步，腳尖點地成虛步；左手抱刀向下經腹前向左直臂擺至與肩同高，虎口向上，右臂向下經腹前向左上方擺動，右掌置於左臂內側，指尖向上；目視前方。（圖 3–3）

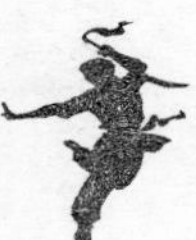

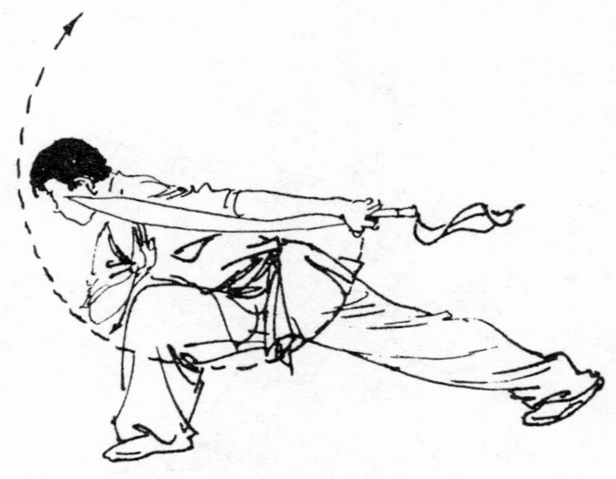

圖 4-1

4. 掄臂拍地

（1）身體右轉，左腳向左後方退半步，左手抱刀，左臂微內旋，右掌收至左肩前；目視前下方。（圖 4-1）

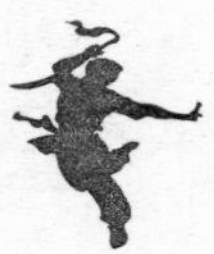

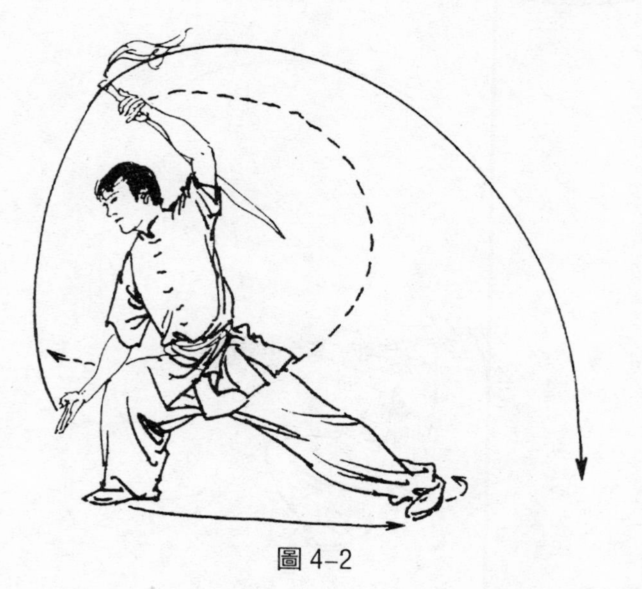

圖 4–2

第一段

（2）左手抱刀直臂向前上方立圓擺動，右臂直臂向下擺動。（圖 4–2）

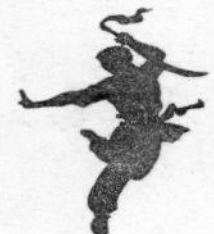

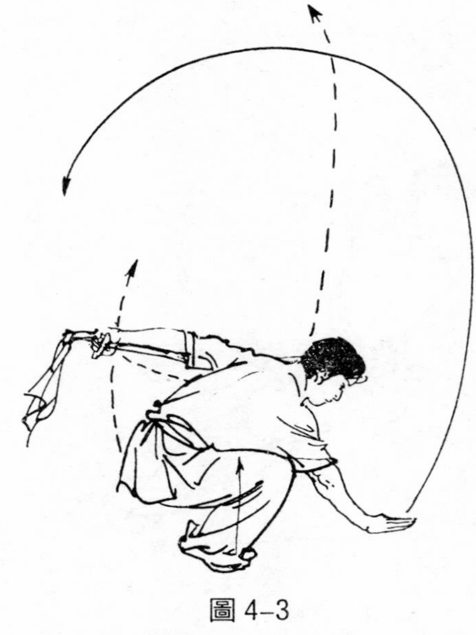

圖 4-3

第一段

（3）身體左後轉，左腳尖外展，右腳向左腳內側上步，兩腳跟併攏，兩膝外展屈膝全蹲，上體前俯，左手抱刀直臂向左後方立圓擺動，右臂向上、向前、向下擺動，右掌擊拍地面；目視前下方。（圖 4-3）

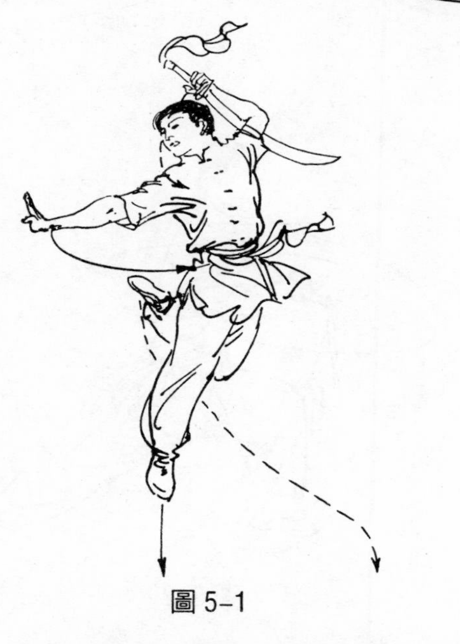
圖 5-1

第一段

5. 弓步推掌

（1）兩腳蹬地向上跳起，右膝伸直，左腿屈膝收起，腳面繃平；同時，右掌向上、向後直臂擺動，左手抱刀向左、向上直臂擺動；目視右方。（圖 5-1）

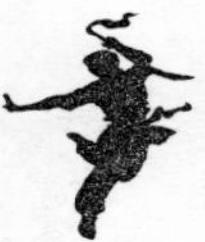

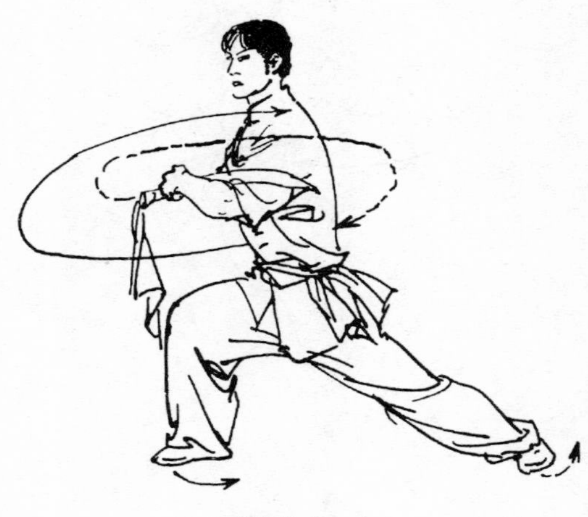

圖 5–2

第一段

（2）右腳向下落步，左腳向左落步，兩腿屈膝半蹲；同時，右臂屈肘收至身背後，手心向外，左手抱刀屈肘收於右肩前；目視右前方。（圖 5–2、2 反）

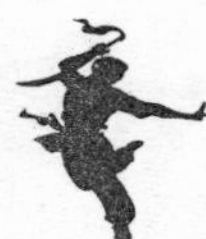

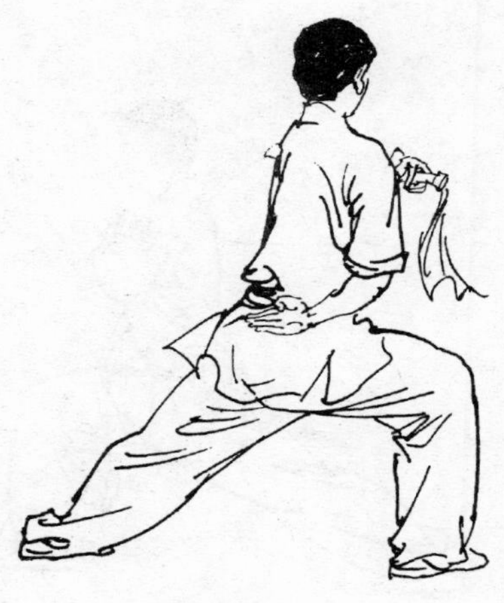

圖 5–2 反

第一段

反面圖

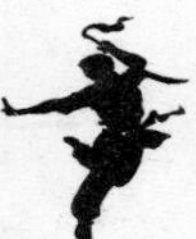

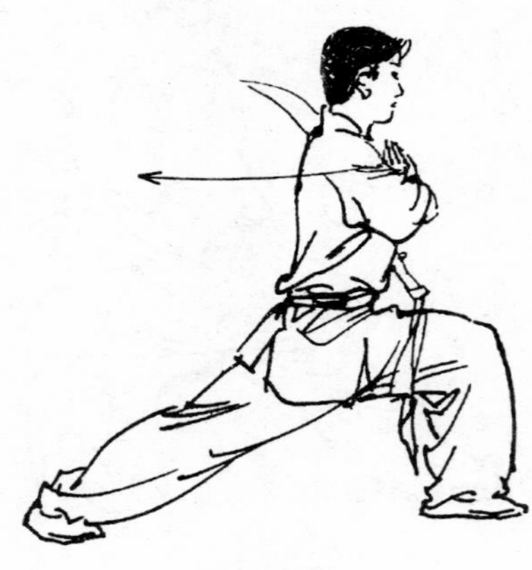

圖 5-3

（3）身體左轉，左腳尖外展，左腿屈膝半蹲，右膝伸直成左弓步；左手抱刀直臂向前、向左平圓擺動後收至左腰側，手心向上；右掌向右、向前、向左直臂平擺收至左肩前，指尖向上；目視左方。（圖 5-3）

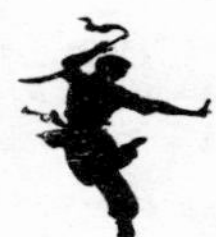

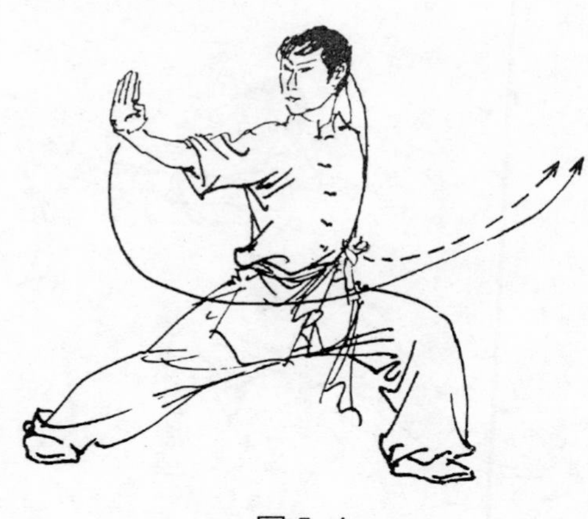

圖 5-4

第一段

（4）上體微右轉，左手抱刀不動，右掌經胸前向右前方推出，指尖向上；目視右前方。（圖 5-4）

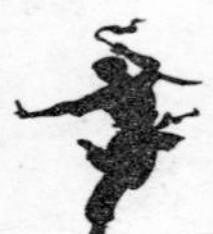

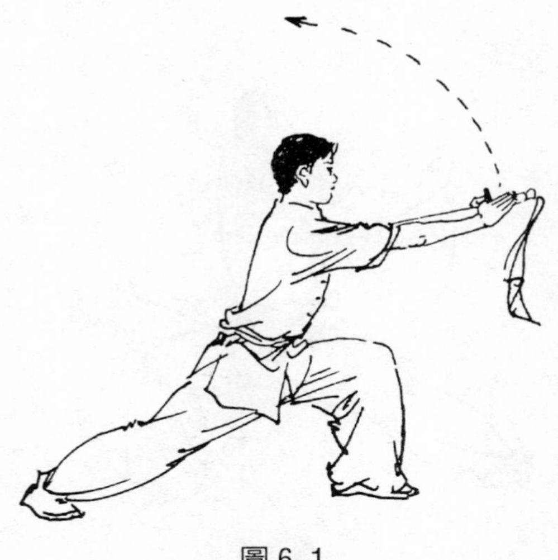

圖 6-1

第一段

6. 接刀右剪腕花

（1）上體微左轉，兩臂同時向下、向前擺動，右手貼靠左手，虎口均向上；目視前方。（圖 6-1）

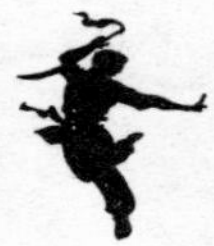

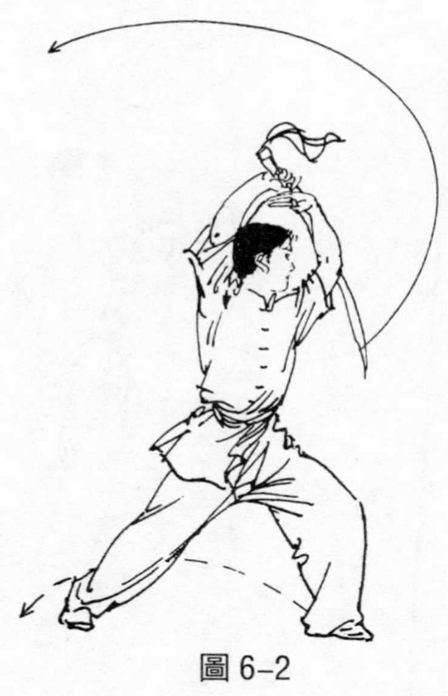

圖 6-2

第一段

（2）身體直起微右轉，左手抱刀上擺，右手接握刀柄；目視前方。（圖 6-2）

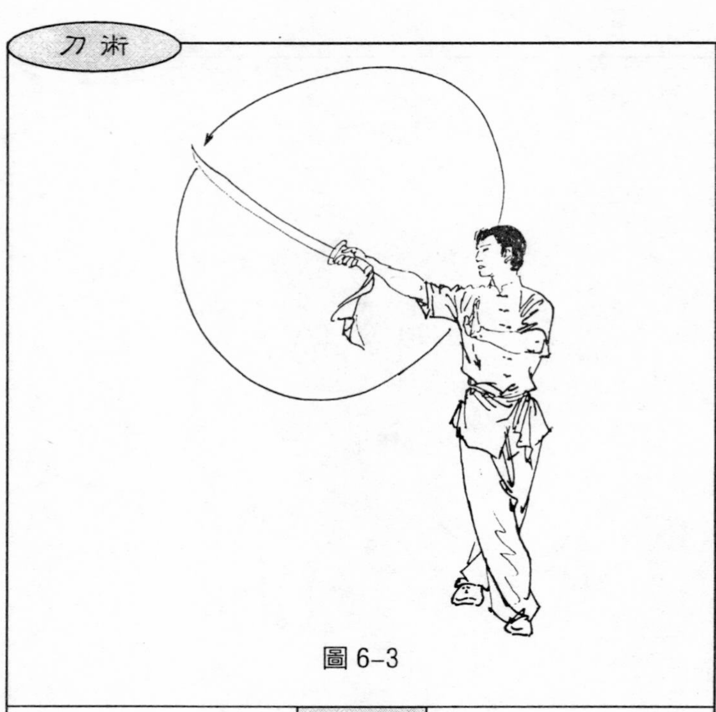

圖 6–3

（3）左腳向後落步，前腳掌著地；右手持刀向上、向右擺動，左掌下落收至右肩前，指尖向上；目視右方。（圖 6–3）

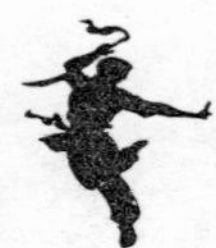

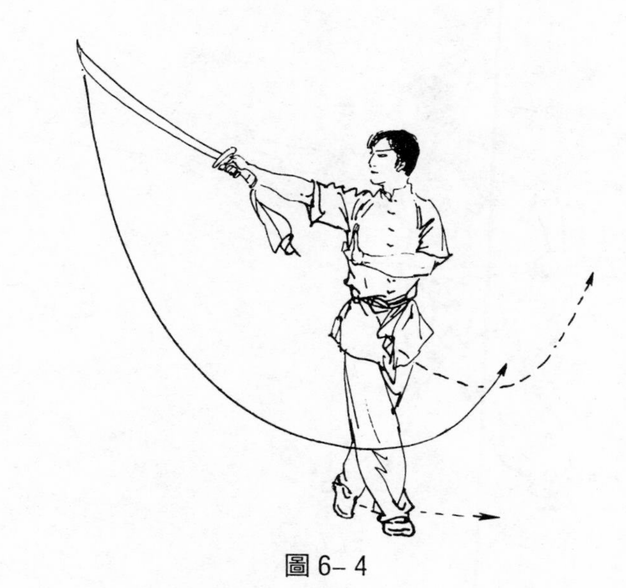

圖 6– 4

第一段

（4）右手持刀以腕關節為軸向右、向下沿右臂外側立圓繞行一周，左掌微下落置於右肩前；目視右方。（圖 6–4）

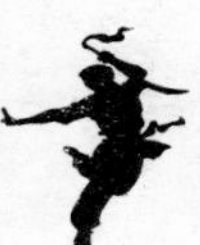

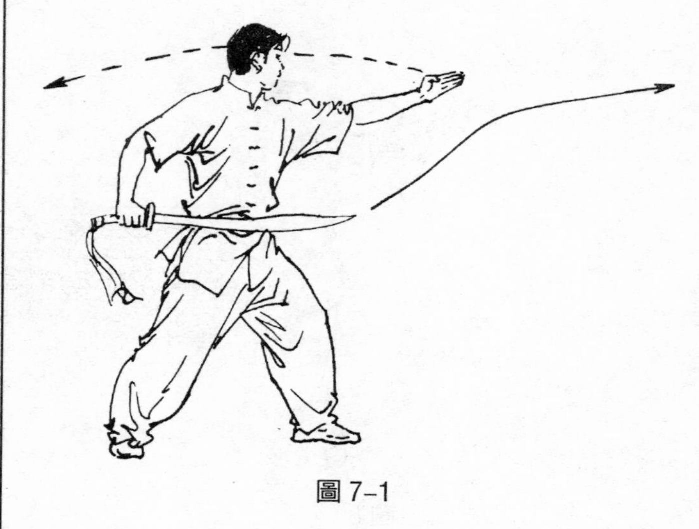

圖 7-1

7. 上步扎刀

（1）右手持刀臂內旋向下收至右腰側，左掌向下經腹前向左上擺，左腳隨即向前上步；目視前方。（圖 7-1）

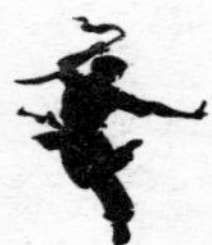

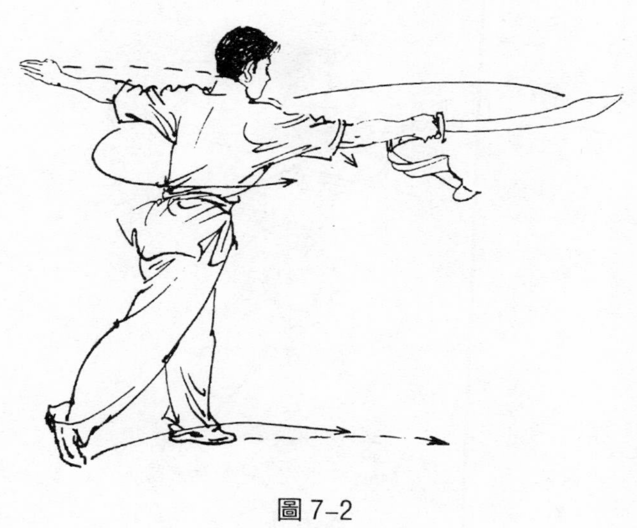

圖 7-2

第一段

（2）重心移至左腳，右腳跟抬起，兩腿伸直；右手持刀向前立刀扎出，與肩同高，左臂伸直向左後平擺；目視前方。（圖 7-2）

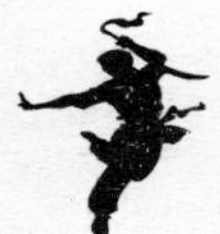

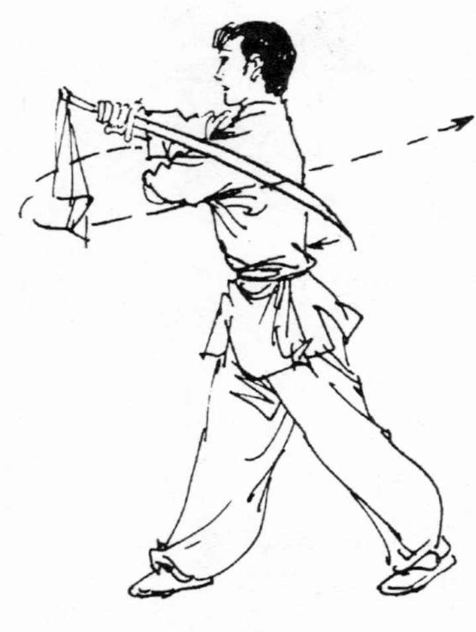

圖 8-1

第一段

8. 轉身纏頭刀

（1）右腳向前上步，身體左後轉，左腳向後退步；右手持刀向左臂外側平擺，刀尖向後，左掌平擺收至右腋下，手心向下；目視前方。（圖 8-1）

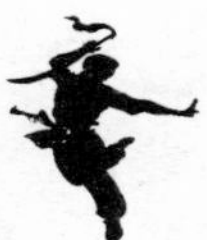

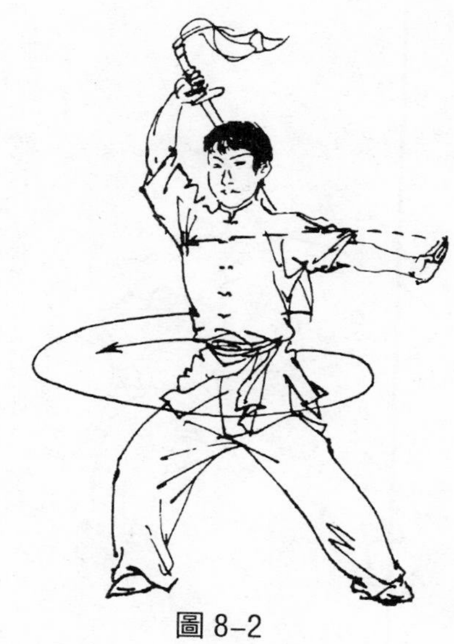

圖 8-2

第一段

（2）兩腿微屈；上體微左轉，右手持刀臂內旋上舉，向後繞行，刀背貼背，刀尖向下，左掌向前、向左平擺。（圖 8-2）

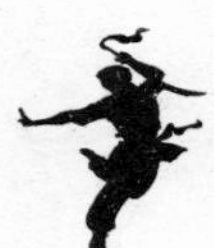

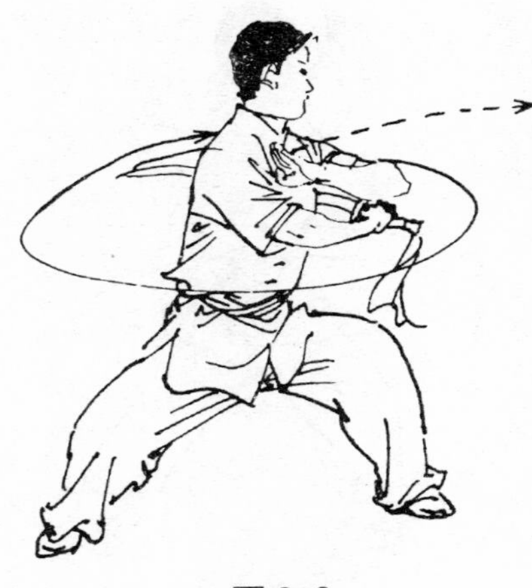

圖 8–3

第一段

（3）上體微左轉，兩腿屈膝半蹲；右手持刀向右經體前向左平擺至左腋下，刀刃向左，刀尖向後，左掌平擺收至右肩前，兩臂成交叉狀，左手在上；目視左方。（圖 8–3）

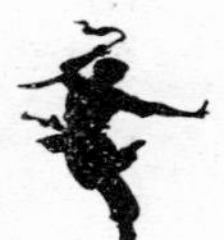

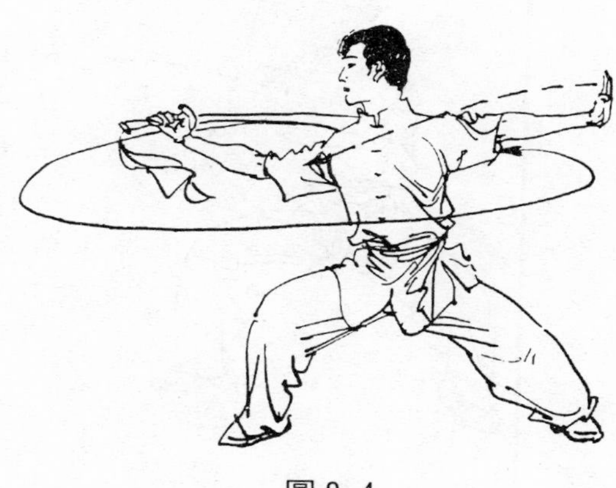

圖 8–4

第一段

（4）上體微右轉，右手持刀向右平擺後右臂外旋，刀尖向後，手心向上，左掌向左平擺，目視右方。（圖 8–4）

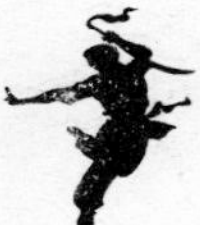

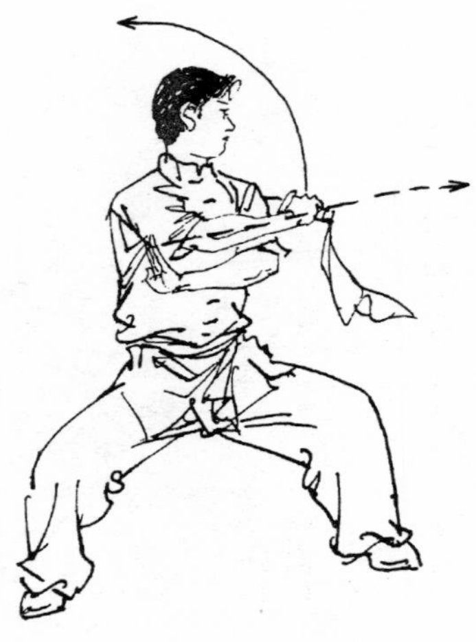

圖 8–5

第一段

（5）右手持刀向左臂外側平擺，刀尖向後，手心向下，左掌平擺收至右臂下方；目視左方。（8–5）

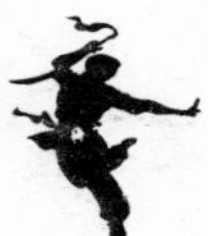

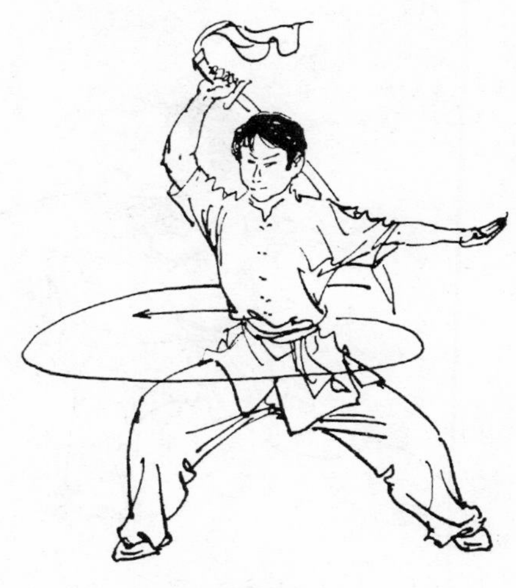

圖 8–6

第一段

（6）右手持刀臂內旋上舉，向後繞行刀背貼背，刀尖向下，左掌向前、向左平擺，目視前方。（圖 8–6）

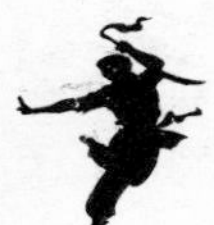

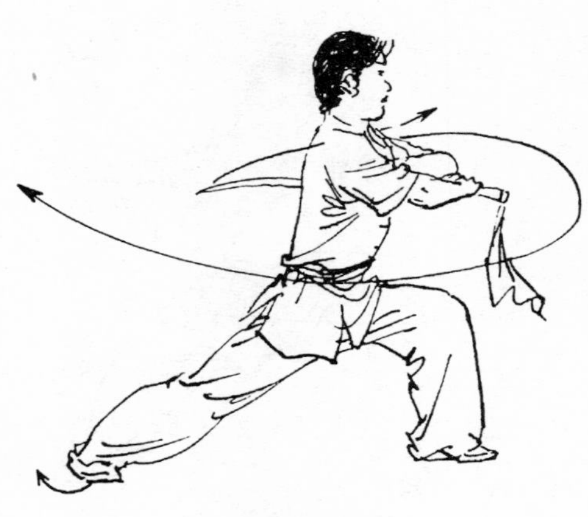

圖 8–7

第一段

（7）上體左轉，左腿屈膝，右腿伸直；右手持刀向右經體前向左平擺至左腋下，手心向下，刀刃向左，刀尖向後，左掌平擺收至右肩前，指尖向上；目視前方。（圖 8–7）

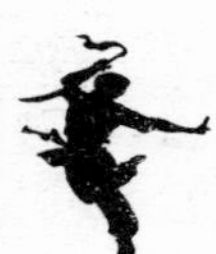

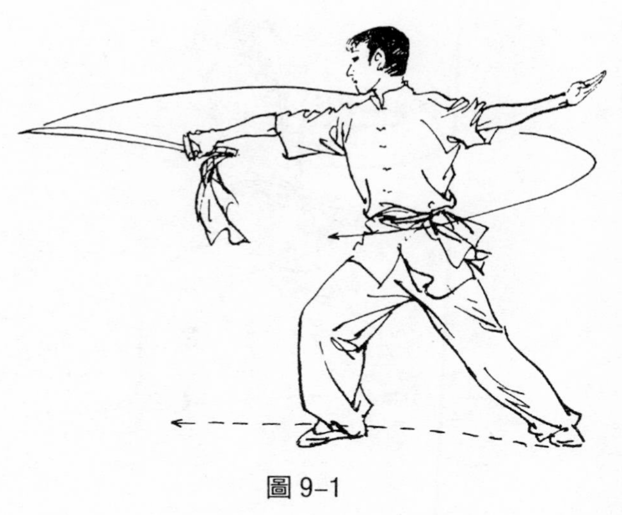

圖 9–1

9. 轉身裹腦刀

（1）上體右轉，右腳尖外展，重心上起並移至右腿，左腿伸直；右手持刀隨體轉向右平擺，左掌向左平擺；目視右方。（圖 9–1）

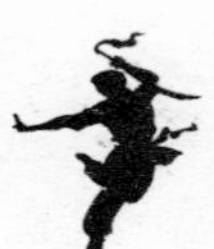

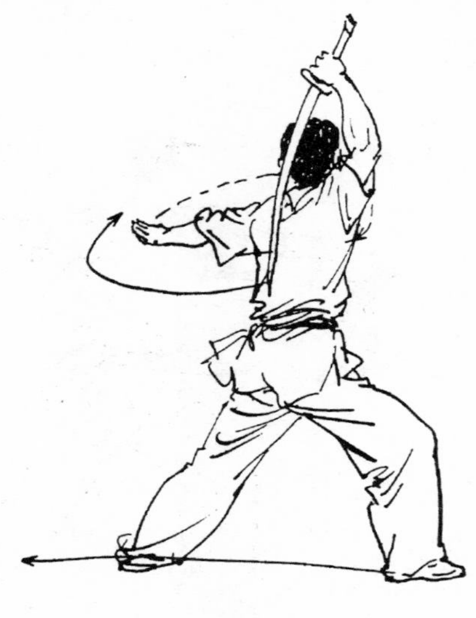

圖 9–2

第一段

（2）左腳上步，腳尖內扣；身體右轉，右手持刀繼續向右平擺後臂外旋上舉，刀背貼背，刀尖向下，左掌隨體轉平擺。（圖 9–2）

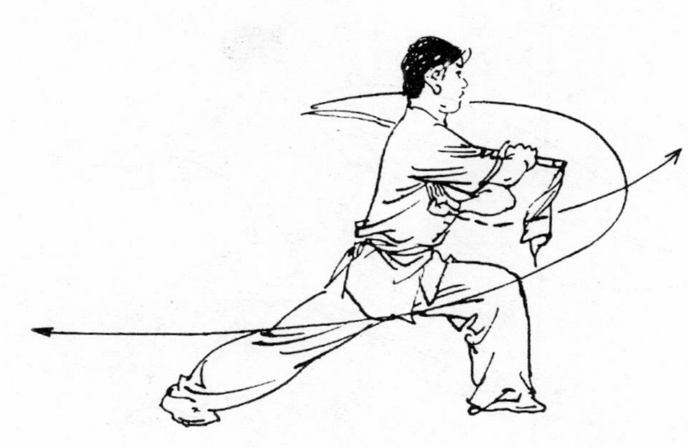

圖 9-3

第一段

（3）右腳向後退步，右腿伸直，左腿屈膝；右手持刀經背向左肩繞行；刀刃向左，刀尖向後，左掌平擺收至右腋下，手心向下；目視前方。（圖 9-3）

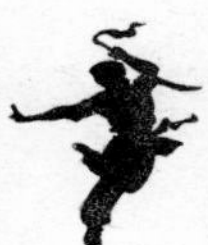

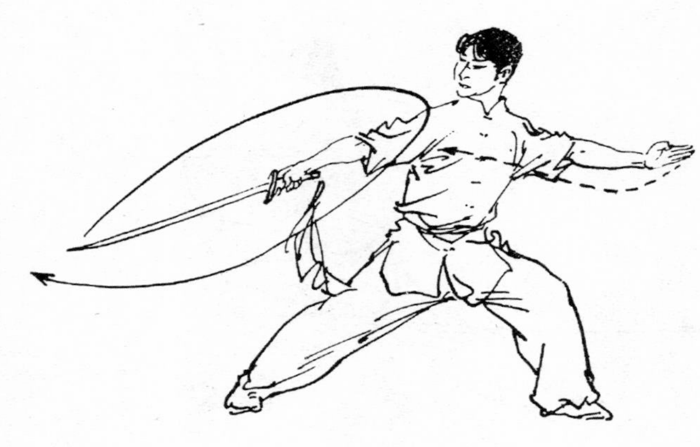

圖 9–4

第一段

（4）右手持刀向前、向右下擺動，同時左掌經體前向左上擺起。（圖 9–4）

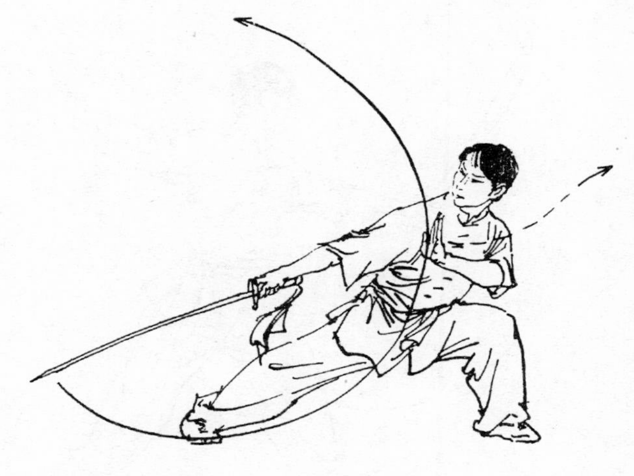

圖 9–5

第一段

（5）右手持刀以腕關節為軸，經後向左、向右、在右肩外側繞行一周，同時左掌屈肘收至右肩前；目視刀尖。（圖 9–5）

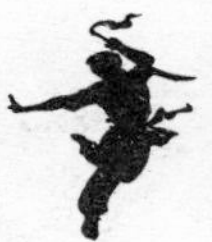

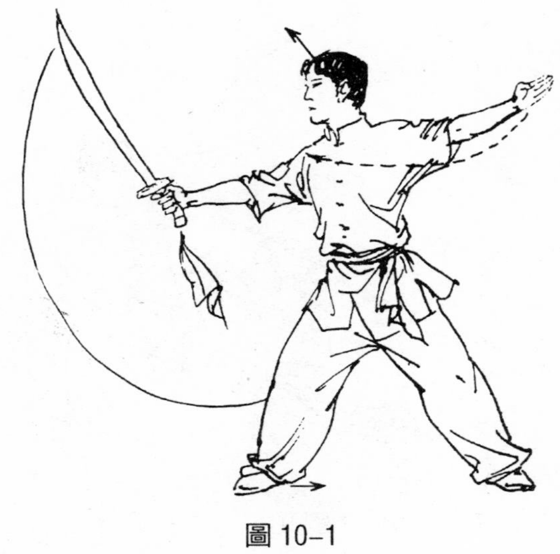

圖 10-1

10. 前點步上扎刀

（1）右手持刀以腕關節為軸，向下經右臂內側向左、向上、向右擺動，同時左掌經體前向左上擺；目視右前方。（圖 10-1）

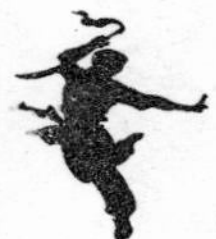

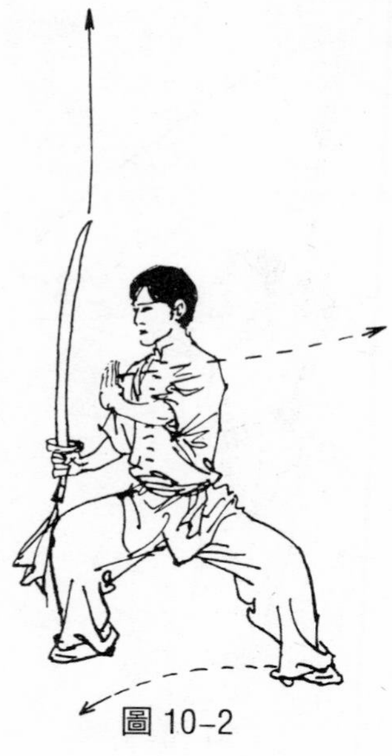

圖 10-2

第一段

（2）右腳抬起，向左落地震腳，兩腿屈膝半蹲；右手持刀以腕關節為軸，向下經右臂外側向左、向上擺動後屈肘收至身體右側，刀尖向上，同時左掌右擺收至右肩前；目視右前方。（圖 10-2）

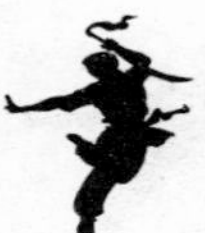

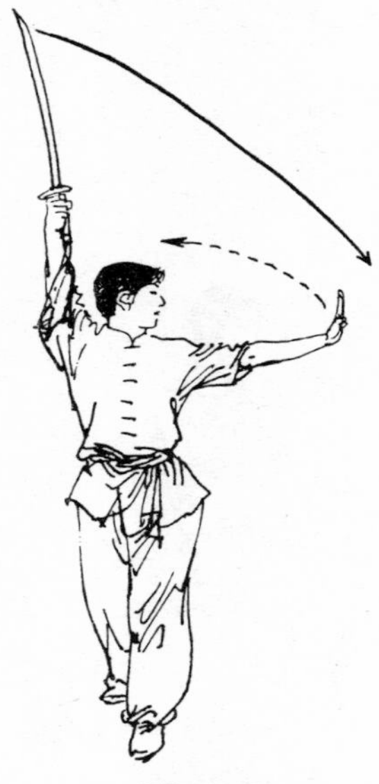

圖 10–3

第一段

（3）右腿伸直，左腳向前上步，腳尖著地成前點步；右手持刀向上扎出，刀刃向前，左掌向前、向左後平擺，指尖向上；頭向左轉，目視左方。（圖 10–3）

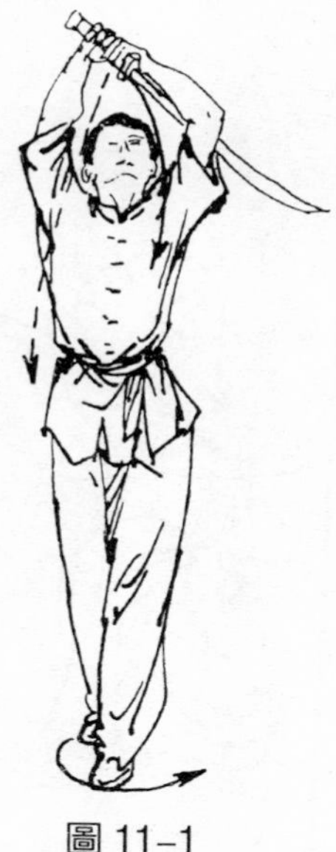

圖 11-1

11. 擊步騰空飛腳

（1）右手持刀臂內旋屈肘擺至頭上方，刀尖下落至體左側，左手直臂向上、向頭上方擺起並接握刀柄；目視刀柄。（圖 11-1）

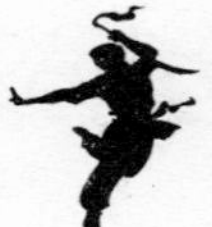

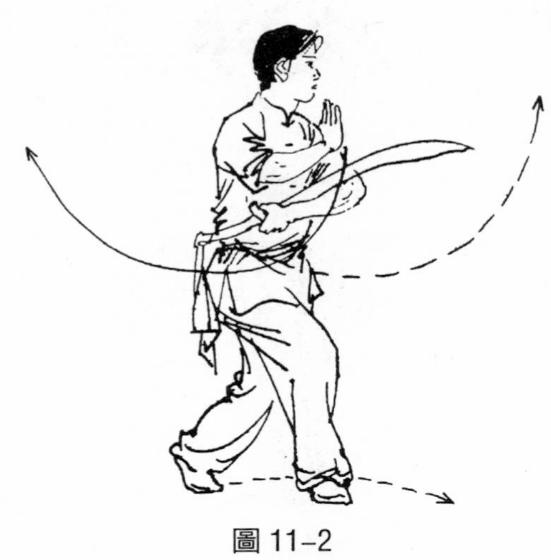

圖 11-2

第一段

（2）左腳跟落地，右腳經左腳前向左落步，腳尖外展，兩腿微屈膝；同時，左手抱刀下落收至胸前，右手變掌落於左肩前；目視左前方。（圖 11-2）

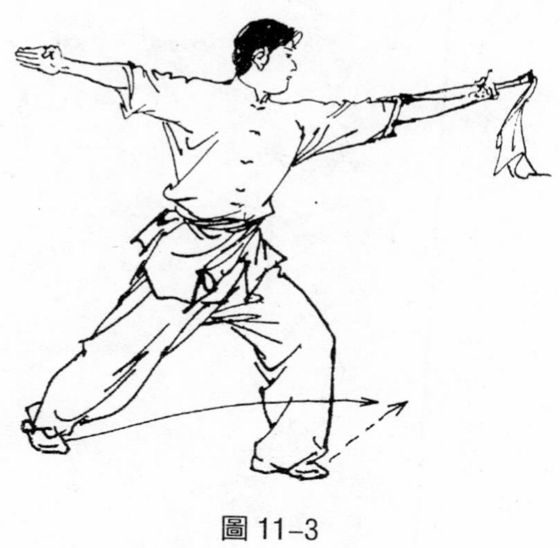

圖 11–3

第一段

（3）左腳向左上步，同時左手抱刀向下、向左擺起，右掌向下、向右擺起，虎口向上；目視前方。（圖 11–3）

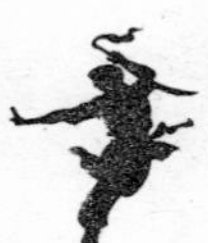

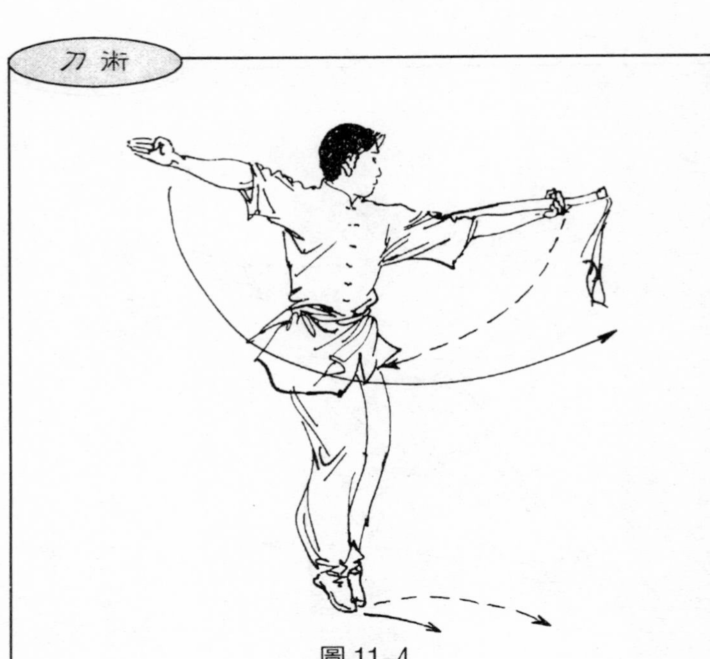

圖 11-4

（4）左腳蹬地跳起，右腳在空中擊碰左腳，兩手繼續上擺。（圖 11-4）

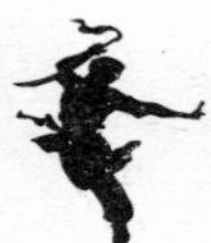

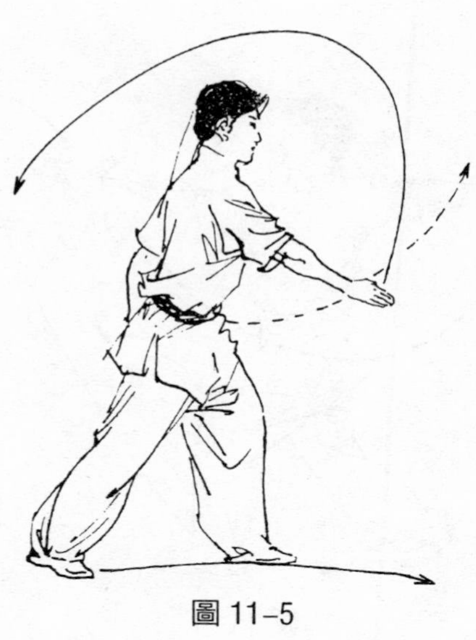

圖 11-5

第一段

（5）右、左腳依次落地，上體左轉，左手抱刀下落體左側，右掌向下、向前擺動，目視前方。（圖 11-5）

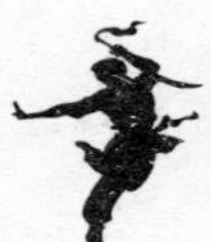

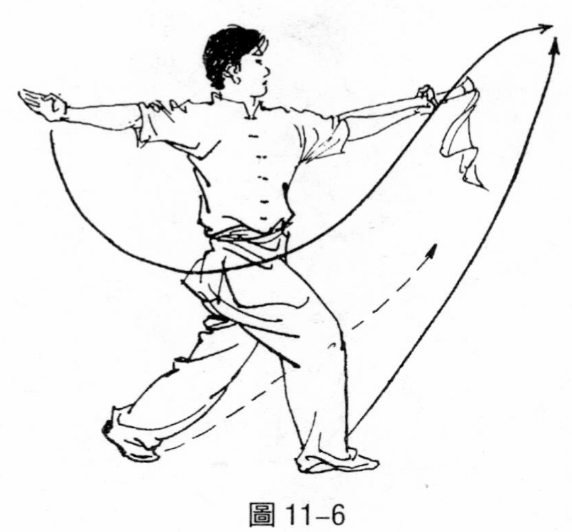

圖 11–6

第一段

（6）右腳向前上步，兩腿微屈，左手抱刀上擺，右掌向上、向後擺動；目視前方。（圖 11– 6）

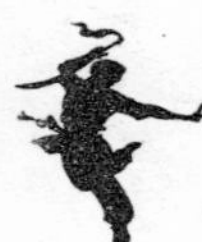

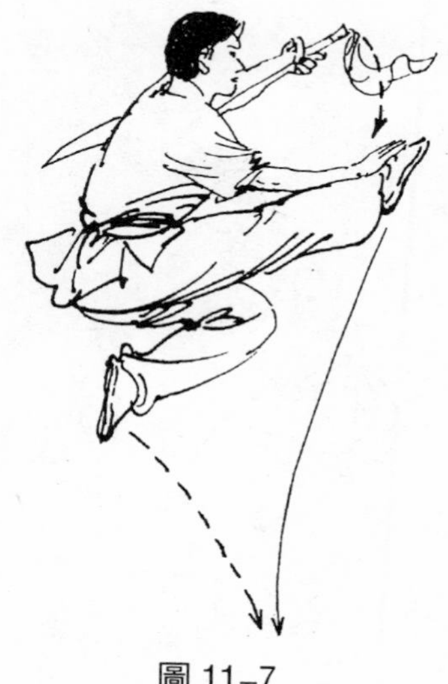

圖 11–7

第一段

（7）左腿向前上方擺起然後屈膝收至體前，右腳蹬地起跳並向前上方擺踢，腿伸直，腳面繃平；同時，右臂上擺，右掌心擊拍右腳面，左手抱刀於上體左側；目視前方。（圖11–7）

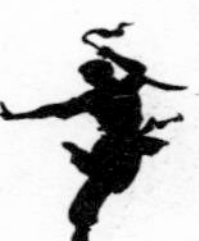

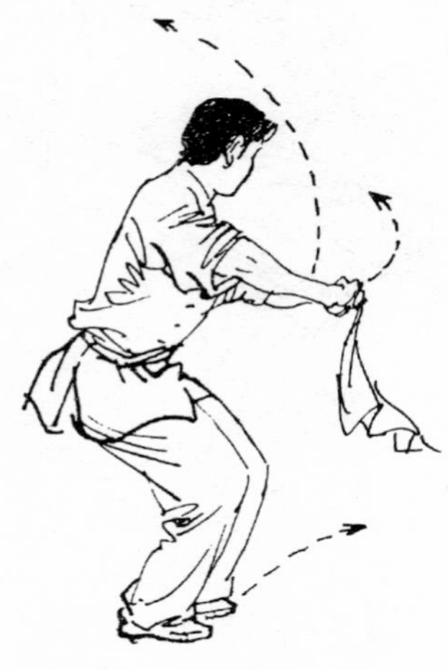

圖 12-1

12. 接刀旋風腳

（1）兩腳同時落地順勢屈膝；左手抱刀屈肘下落，右手在體前接握刀柄；目視左前方。（圖 12-1）

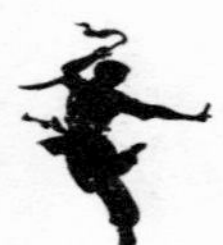

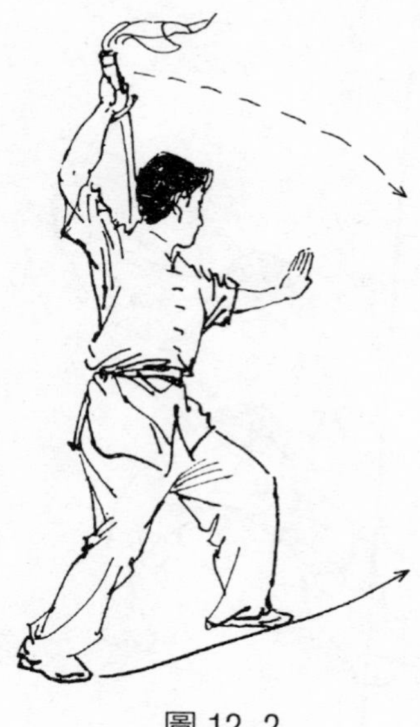

圖 12-2

第一段

（2）左腳向左前方上步；右手持刀向左經左臂外側向背後繞行，左掌向左擺出，目視左前方。（圖 12-2）

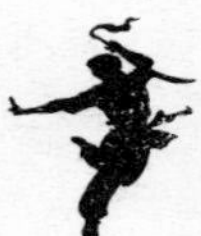

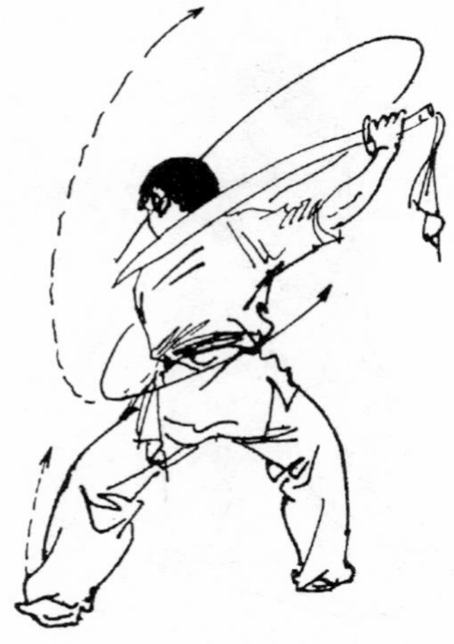

圖 12–3

第一段

（3）右腳向前上步，腳尖內扣，兩腿屈膝；右手持刀向右擺動，左掌屈肘擺至體前；目視前下方。（圖 12–3）

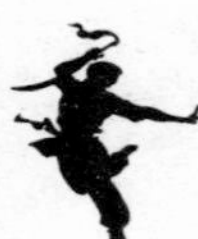

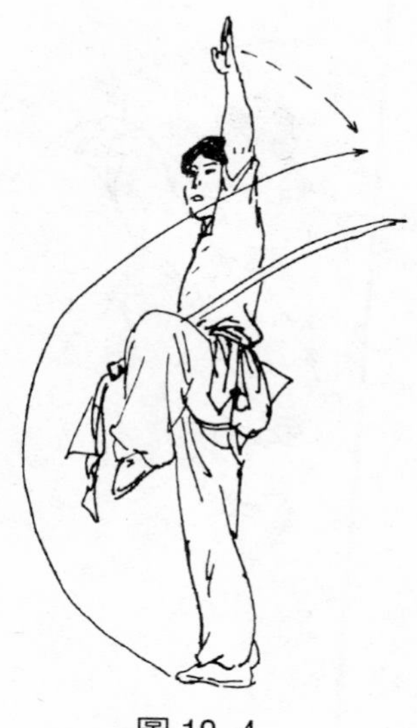

圖 12-4

第一段

（4）右腳蹬地起跳；身體向左後擰轉，左腿向左後上方屈膝抬起，同時，右手持刀經右向前、向左擺至左腋下，左臂向下、向左上隨體轉擺動。（圖 12-4）

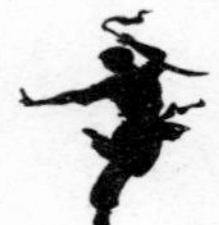

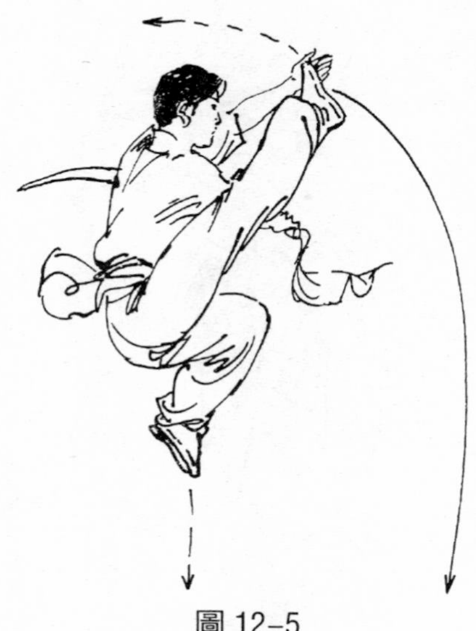

圖 12-5

第一段

（5）在空中上體左轉，右腿伸直向上經面前向左擺動，左掌心擊拍右腳掌，腳高過肩；目視右腳前方。（圖 12-5）

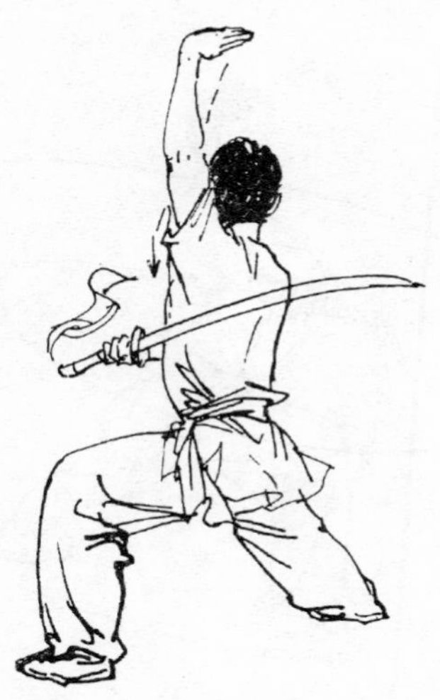

圖 13

13. 馬步藏刀

身體在空中繼續左轉，兩腳同時落地成馬步；同時左掌架於頭部左上方，右手持刀置於左腋下，刀刃向左，刀尖向後；目視右前方。（圖 13）

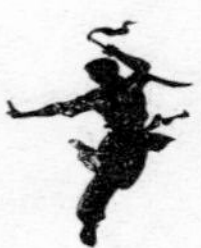

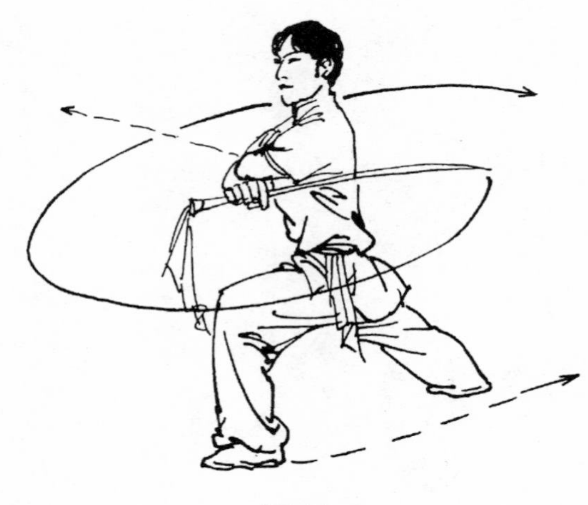

圖 14-1

第二段

14. 退步裹腦刀

（1）上體左轉，右腿伸直，左掌下落收至右肩前，指尖向上；目視前方。（圖 14-1）

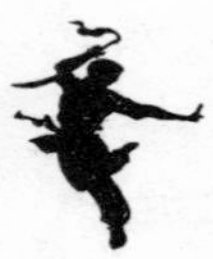

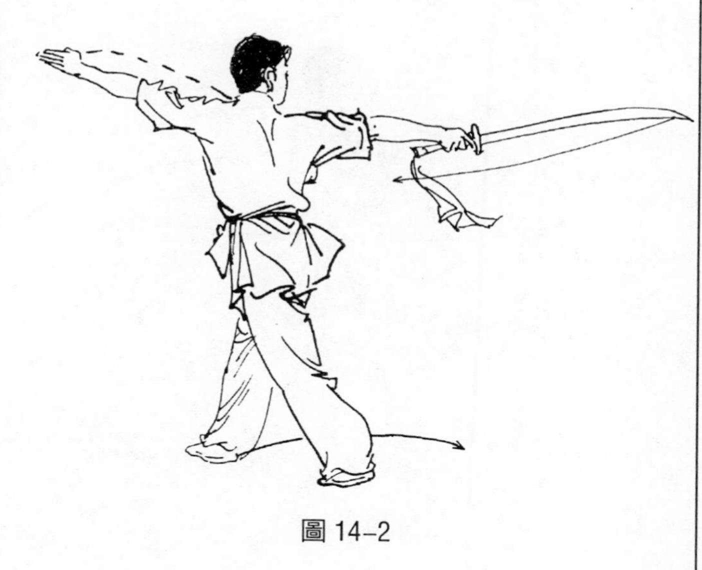

圖 14-2

第二段

（2）身體重心右移，左腳向後退步，前腳掌著地；右手持刀向右後平擺，左掌向左平擺；頭向右轉，目視前方。（圖 14-2）

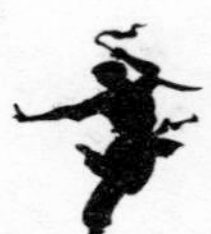

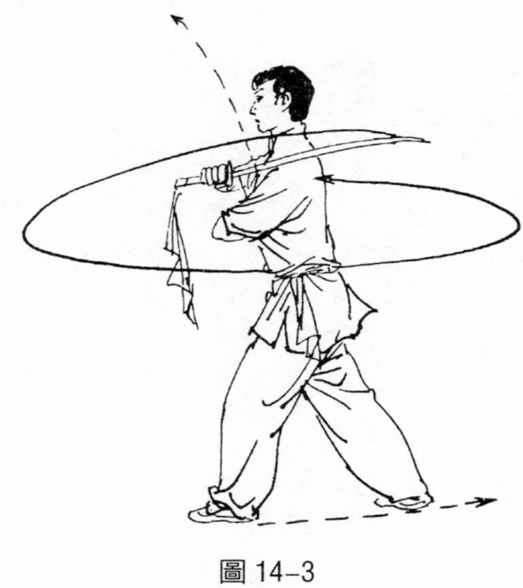

圖 14–3

第二段

（3）右腳向後退步，右手持刀臂外旋上舉屈肘，刀經背後向左繞行至左肩後，左掌向左收至右肩前，手心向下；目視前方。（圖14–3）

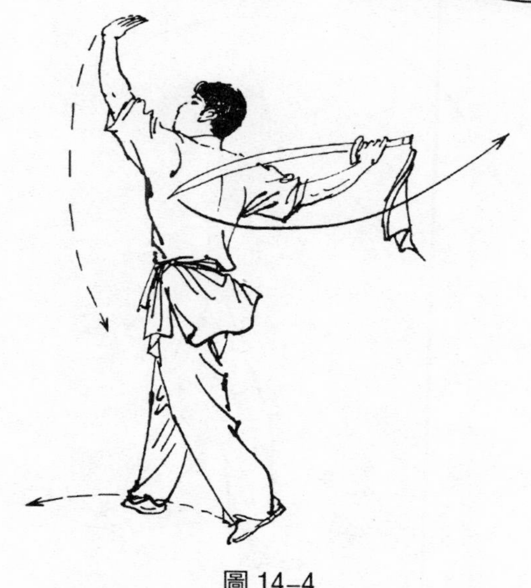

圖 14-4

第二段

（4）左腳向後落步，前腳掌點地；右手持刀貼左肩向前、向下經右腿外側向後上方擺動，刀背貼於右肩後背，左掌經面前向左上方擺動；目視左上方。（圖 14-4）

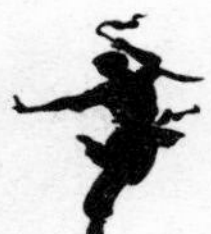

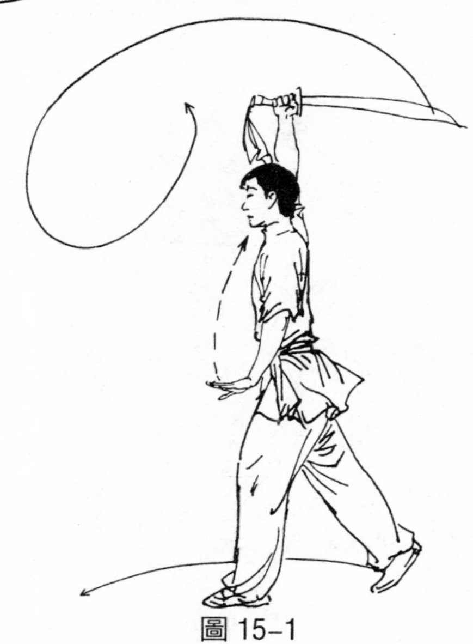
圖 15-1

第二段

15. 翻身掄劈刀

（1）左腳向左上步，腳尖微外展；上體左轉，右手持刀向前上擺動，刀尖向後，左掌下落於身體左側；目視前方。（圖 15-1）

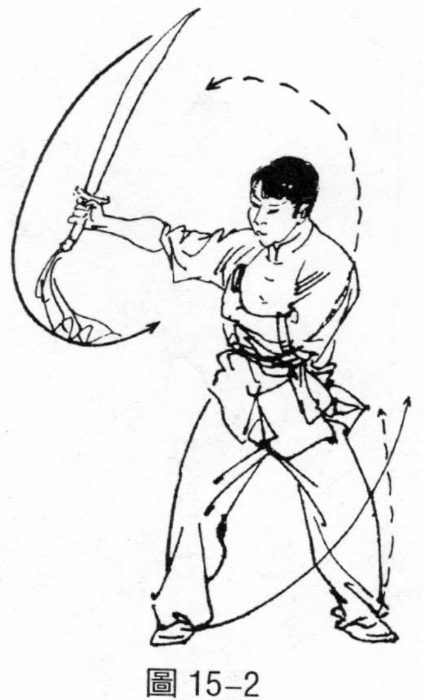

圖 15-2

第二段

（2）右腳向前上步，腳尖內扣；上體左轉，同時右手持刀向前以腕關節為軸，在右臂內側立圓繞行一周，左掌收至右肩前。（圖15-2）

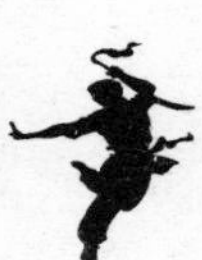

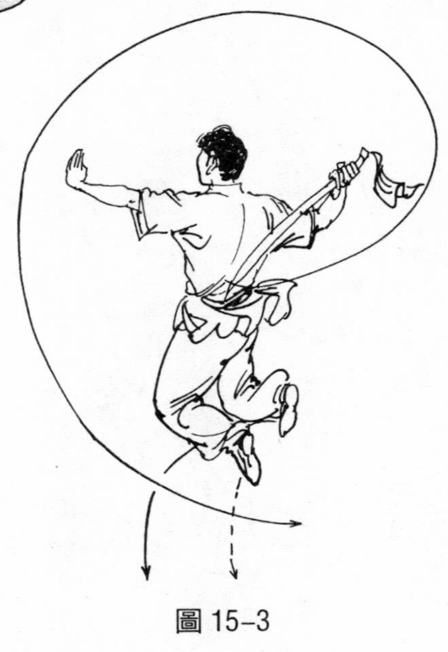

圖 15-3

第二段

（3）左腳離地，屈膝抬起，上體經左向後向上翻轉，同時右腳蹬地起跳，身體騰空；右手持刀下擺，然後臂外旋屈肘刀貼背舉起，左掌隨體轉向上、向前擺動；目視前方。（圖15-3）

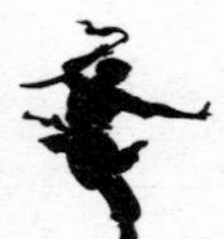

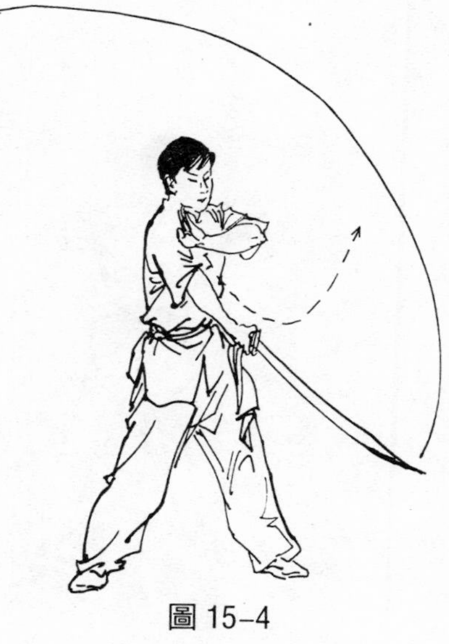

圖 15–4

第二段

（4）上體在空中向左翻轉後，左腳、右腳依次落地；右手持刀隨體翻轉後向前、向下沿身體左側掄劈，左掌在掄劈時收至右肩前；目視前下方。（圖 15–4）

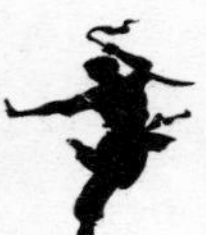

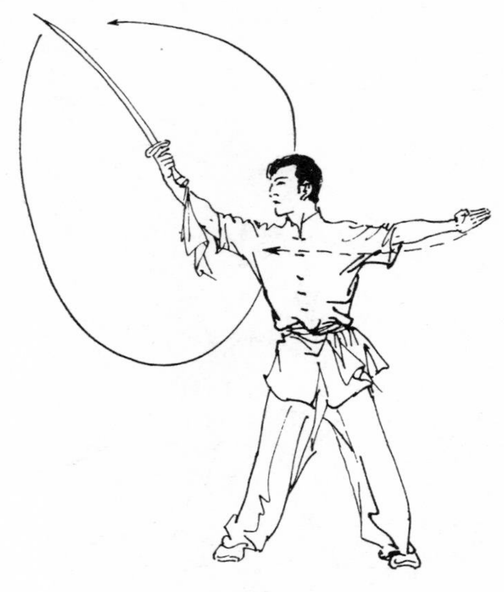

圖 16–1

第二段

16. 右剪腕花雲刀

（1）兩腿直立；上體微右轉，右手持刀經左向上、向右擺動，左掌向下、向左擺動；目視前方。（16–1）

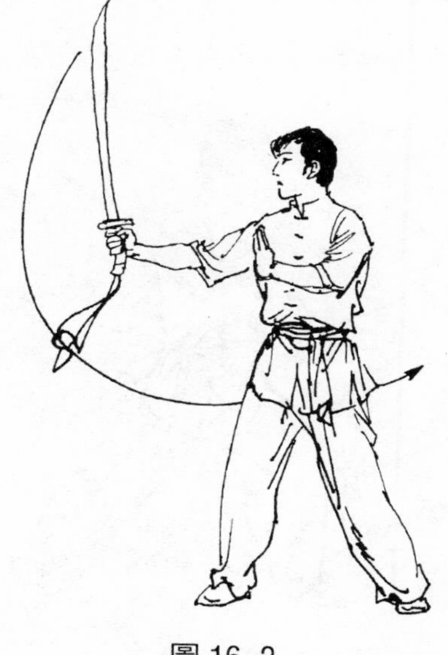

圖 16-2

第二段

（2）右手持刀以腕關節為軸在右臂外側立圓繞行一周，左掌收至右肩前。（16-2）

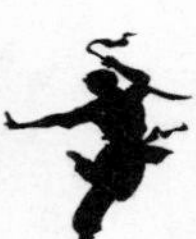

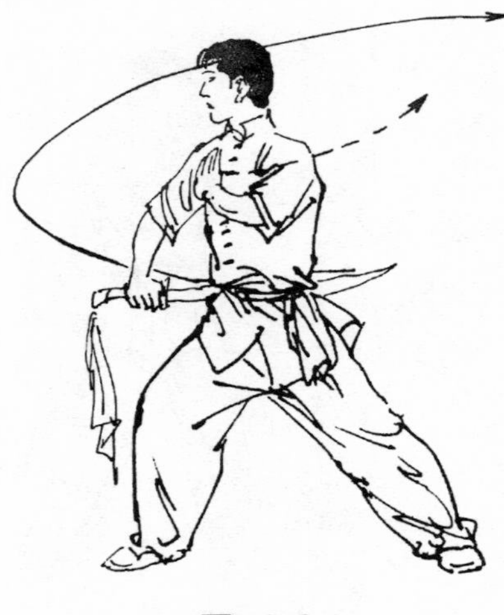

圖 16-3

第二段

（3）右手持刀臂內旋向下經背後向左擺出，刀尖向左，同時上體微右轉。（16-3）

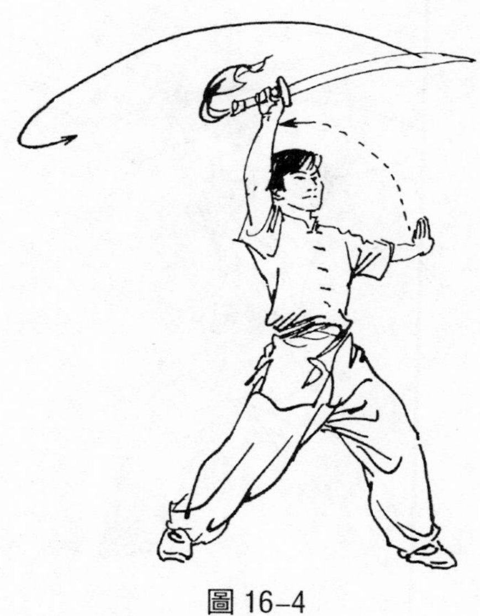

圖 16-4

第二段

（4）上體微左轉，右手持刀隨體轉經右向前、向頭部左上方擺動，左掌向左後平擺；目視刀身。（16-4）

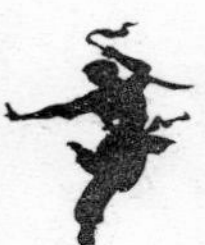

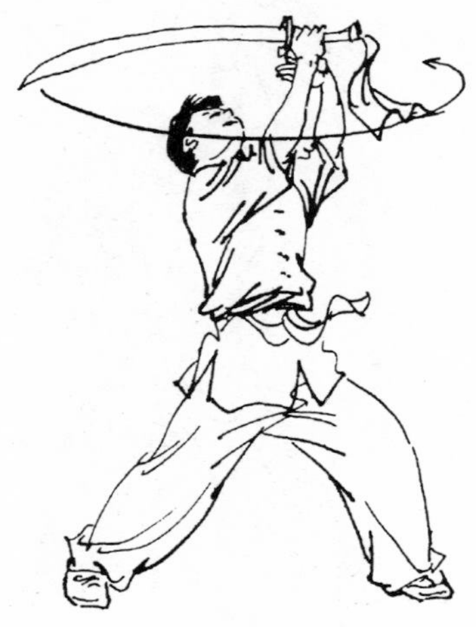

圖 16–5

第二段

（5）右手持刀以腕關節為軸在頭部左前上方平圓繞行，同時上體後仰，左掌置於右前臂內側；目視刀身。（圖 16–5）

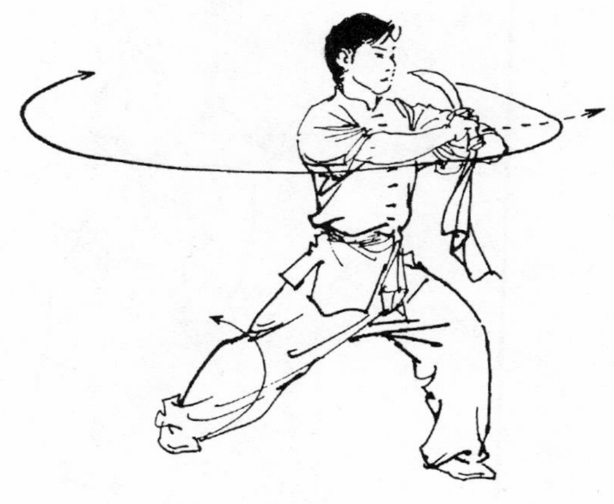

圖 17-1

第二段

17. 提膝抹刀

（1）右手持刀臂內旋經前向左肩外側下落，刀尖向後，左掌隨右臂下落，手心向下；目視左方。（圖 17-1）

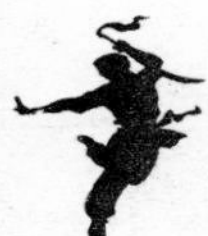

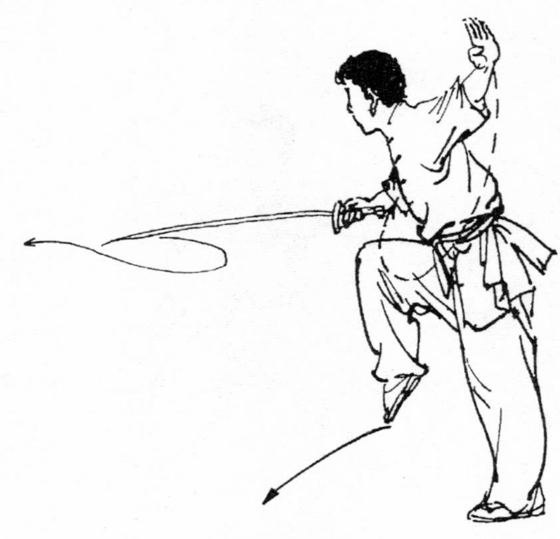

圖 17-2

第二段

（2）右腿屈膝抬起，腳面繃平，左腳以前腳掌為軸碾地，左腿獨立支撐；上體右轉前俯，右手持刀經左向前、向右後方弧形平擺，左掌隨體轉向左後平擺；目視前方。（圖 17-2）

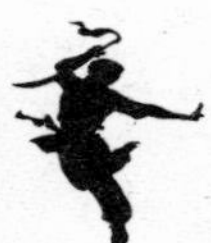

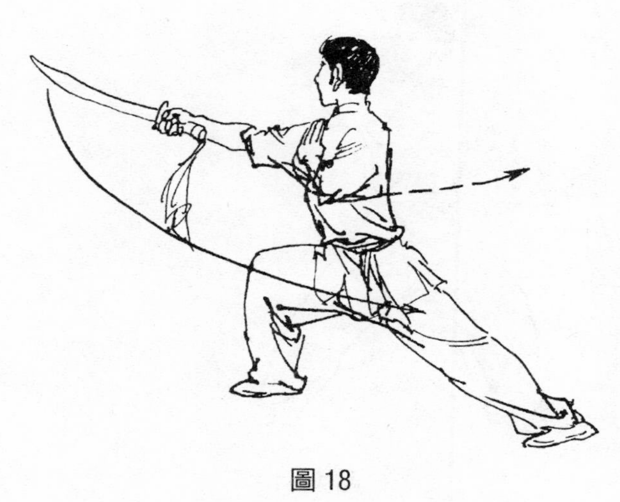

圖 18

第二段

18. 弓步扎刀

身體重心前移；右腳向前上步屈膝半蹲，左腿伸直成右弓步；右手持刀經右腰側向前平扎出，左掌向下、向前置於右臂內側，指尖向上；目視刀尖前方。（圖 18）

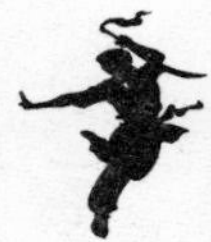

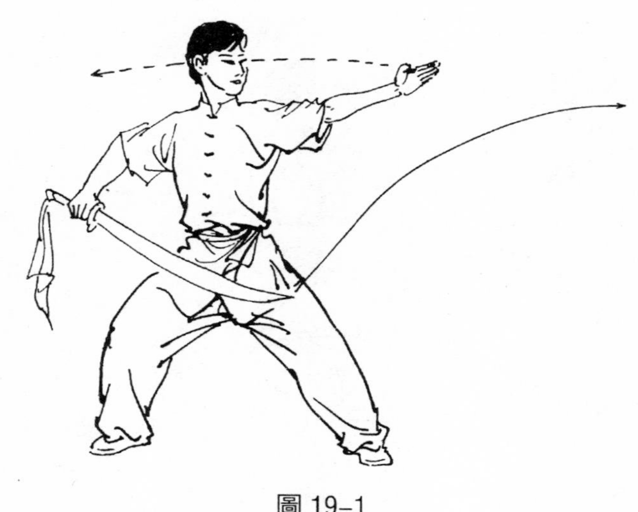

圖 19-1

第二段

19. 回身分手扎刀

（1）上體左轉，重心上起，左腿屈膝，左腳跟裡扣，右手持刀屈肘收至右腰側，左掌向前、向左平擺；目視前方。（圖 19-1）

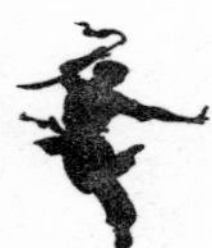

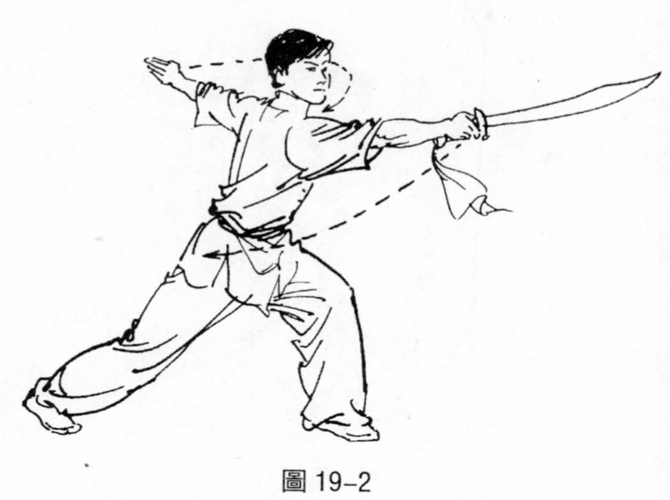

圖 19-2

第二段

（2）上體左轉，右腿隨體轉伸直，右腳跟抬起，右手持刀向前扎出，與肩同高，左掌隨體轉向左後平擺，虎口向上；目視前方。（圖 19-2）

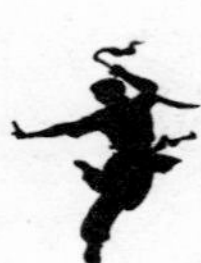

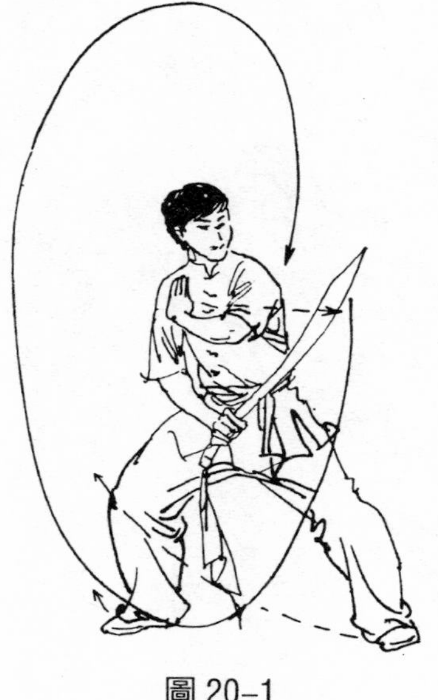

圖 20–1

第二段

20. 墊步背刀

（1）身體微右轉，右腳跟落地腳尖外展，重心移至兩腿間；右手持刀隨體轉下落至體前，左掌向前、向右收至右肩前。（圖 20–1）

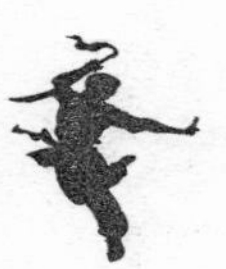

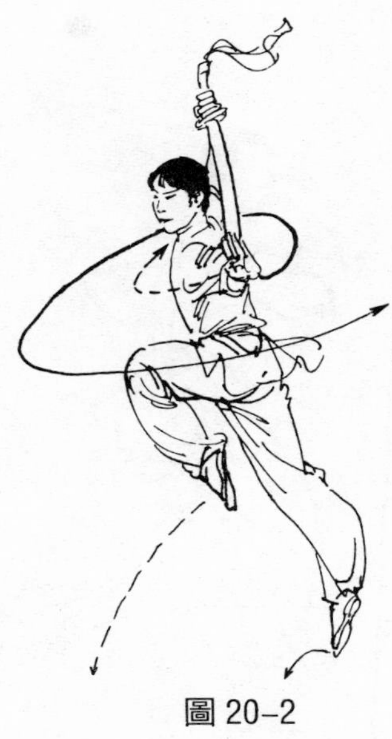

圖 20-2

第二段

（2）上體右轉，右腳蹬地跳起，右腿伸直，左腿屈膝向上抬起，腳面繃平；右手持刀經前向上、向後擺動，刀背貼靠後背右側，左掌向前、向左平擺，指尖向上；目視左前方。（圖 20-2）

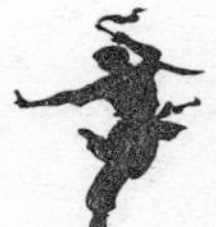

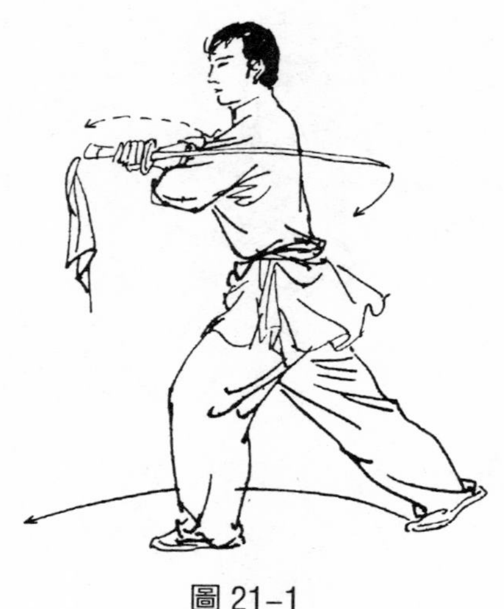

圖 21-1

第二段

21. 弧行步纏頭刀

（1）右腳落地，左腳向左前方上步，兩腿微屈；同時右手持刀經右向前、向左平擺至左肩外側，左掌向前、向右收至右腋下，手心向下；目視前方。（圖 21-1）

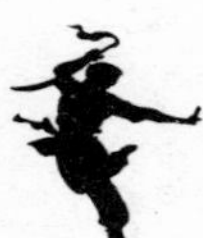

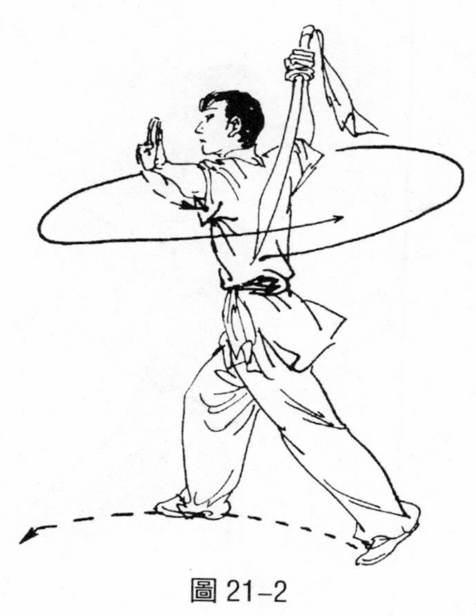

圖 21-2

第二段

（2）右腳向左前方上步，同時右手持刀舉臂抬肘，刀背沿左肩外側貼背繞行，左掌向前、向左平擺；目視左前方。（圖 21-2）

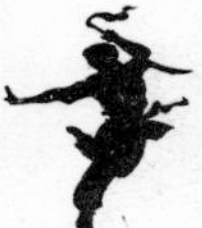

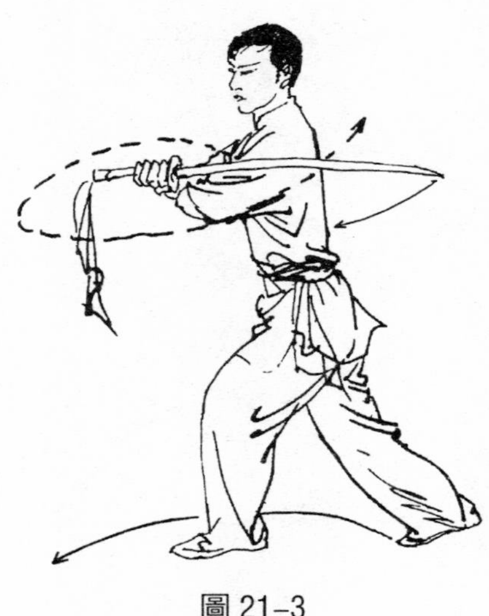

圖 21–3

第二段

（3）左腳向左前方上步，兩腿微屈；同時右手持刀經右向前、向左平擺至左肩外側，左掌向前、向右收至右腋下，手心向下；目視前方。（圖 21–3）

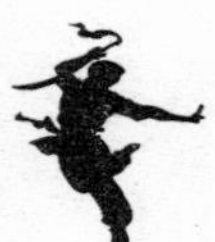

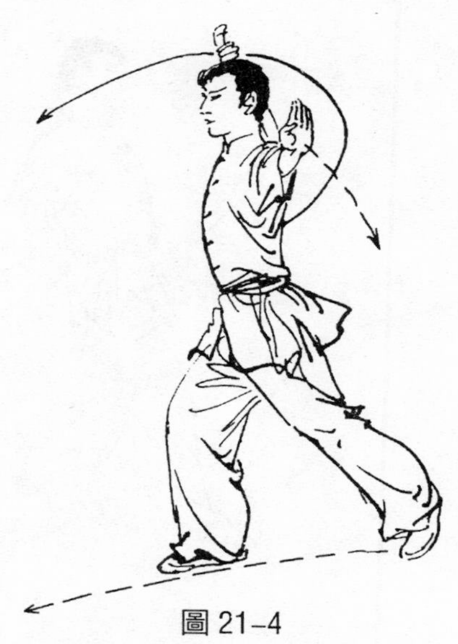

圖 21-4

第二段

（4）右腳向左前方上步，左腿伸直，同時右手持刀舉臂抬肘，刀背沿左肩外側貼背繞行，左掌向前、向左平擺；目視左前方。（圖 21-4）

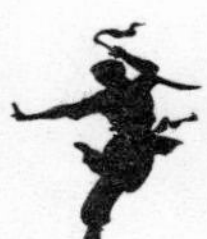

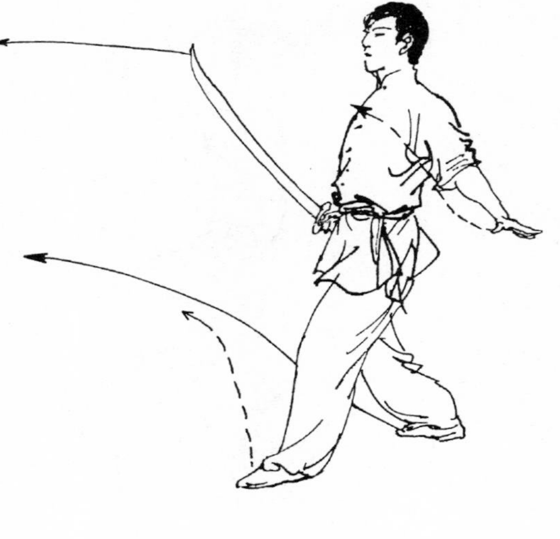

圖 22-1

第二段

22. 騰空左右扎刀

（1）身體重心前移，左腳向左前方上一大步，兩腿微屈；右手持刀收至右腰側，左掌向左下擺動；目視前方。（圖 22-1）

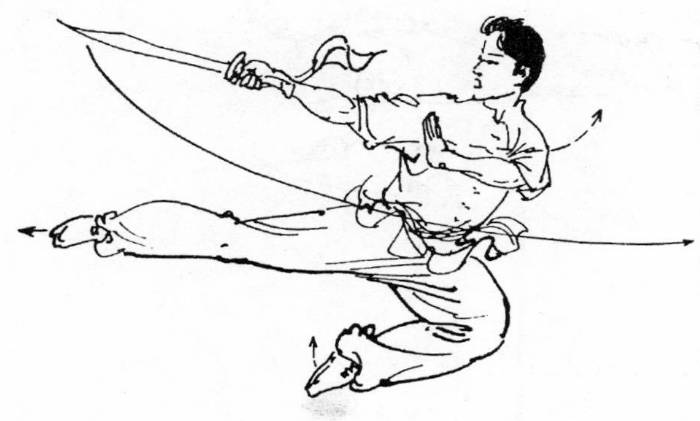

圖 22-2

第二段

（2）上體微左轉，右腿伸直向前上方擺起，腳面繃平，左腳隨即蹬地跳起並屈膝向上抬起；右手持刀經右腿上方向右上方立刀扎出，左掌收至右肩前，指尖向上；目視刀尖。（圖 22-2）

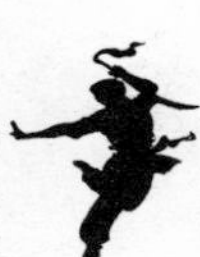

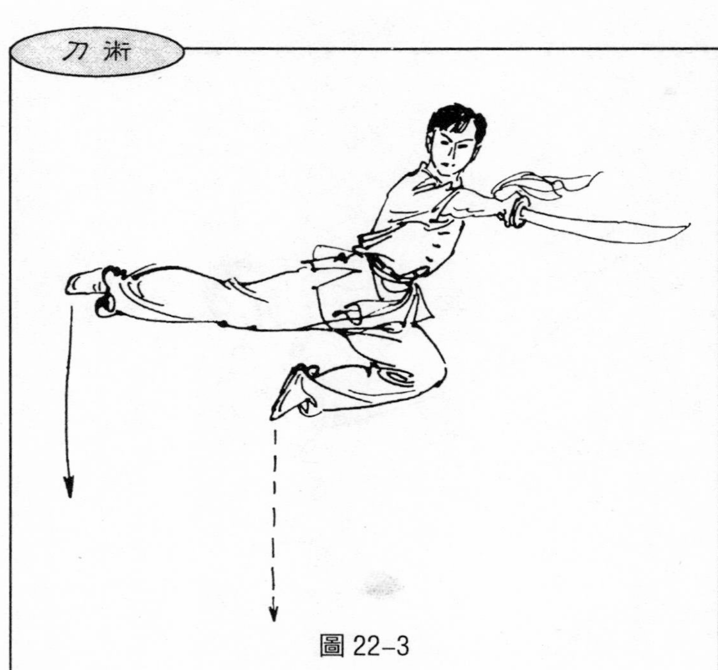

圖 22-3

第二段

（3）在空中身體左轉，左腿屈膝隨之左擺，右腿前伸隨體擰轉，腳面繃平；右手持刀經右腰側向前方立刀扎出；左掌向前、向左後平擺，虎口向上；目視刀尖前方。（圖 22-3）

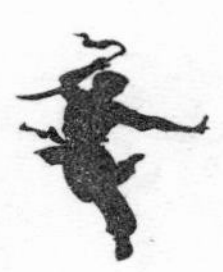

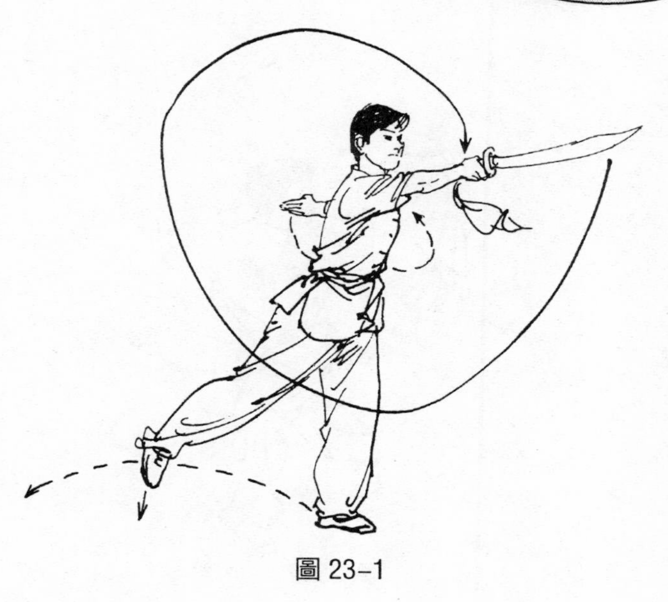

圖 23-1

第二段

23. 翻身掄劈刀

（1）左腳落地，微屈膝，右腿下落；兩臂動作不變；目視前方。（圖 23-1）

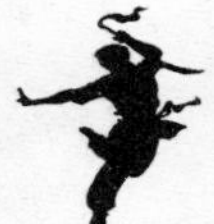

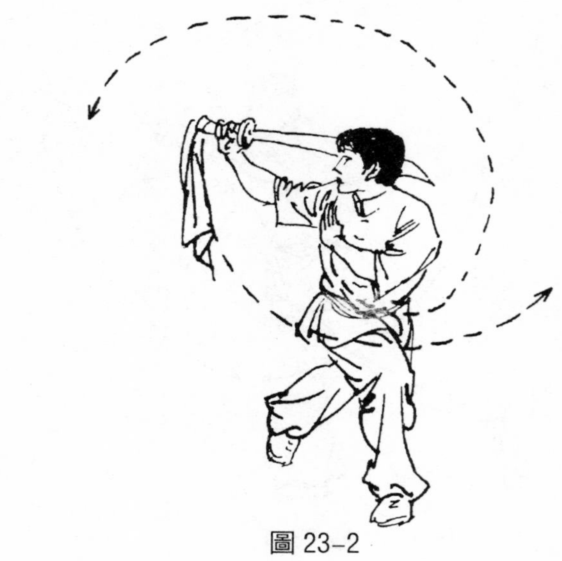

圖 23-2

第二段

（2）右腳落地，左腳向右腿後側落步，前腳掌著地，右腿屈膝；上體前俯；右手持刀向右後擺動，臂內旋微屈肘使刀背貼於兩肩後部，左掌收至右肩前；目視右方。（圖 23-2）

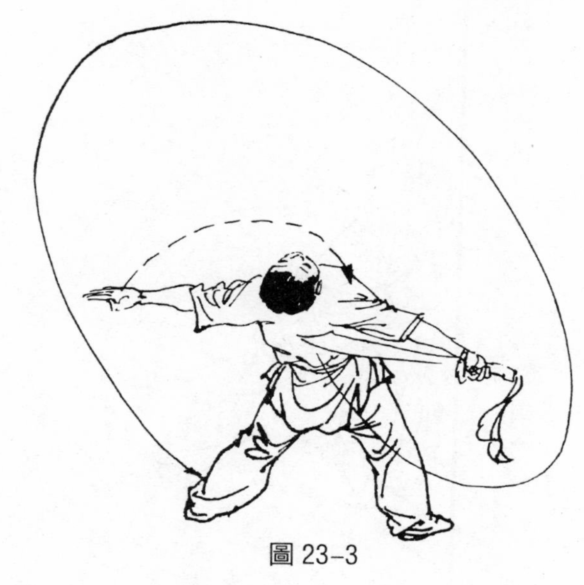

圖 23-3

第二段

（3）身體重心移至兩腿，上體向左翻轉，挺胸展髖，兩腳向左碾轉；右手持刀，刀背貼兩肩後部隨體轉動，左掌經左向上、向左立圓擺動；上體後仰。（圖 23-3）

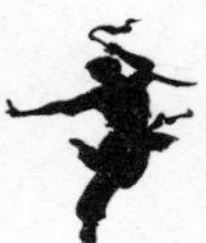

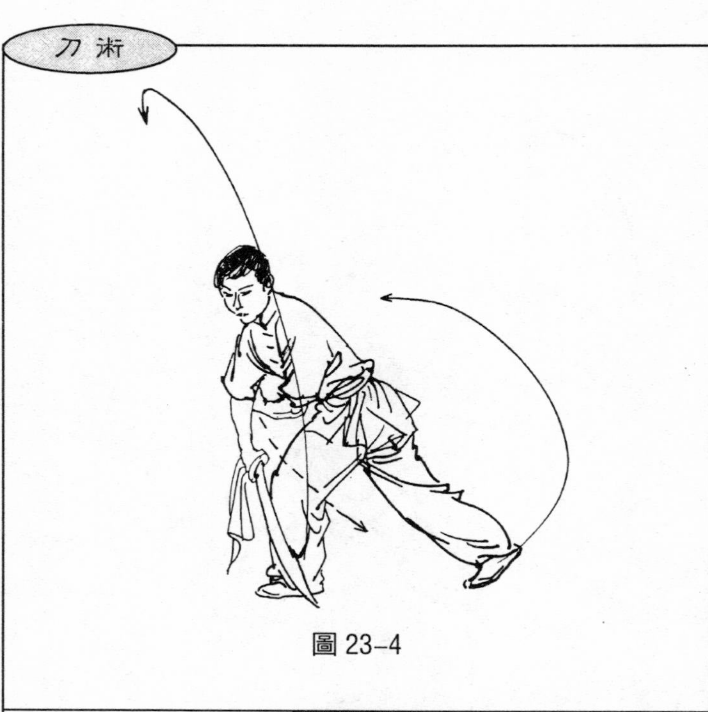

圖 23-4

第二段

（4）上體繼續向左翻轉，左腳尖外展，兩腿微屈；右手持刀向前、向身體左側擺動，左掌收至右腋下，手心向下；目視斜下方。（圖 23-4）

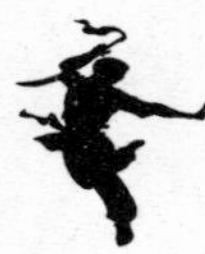

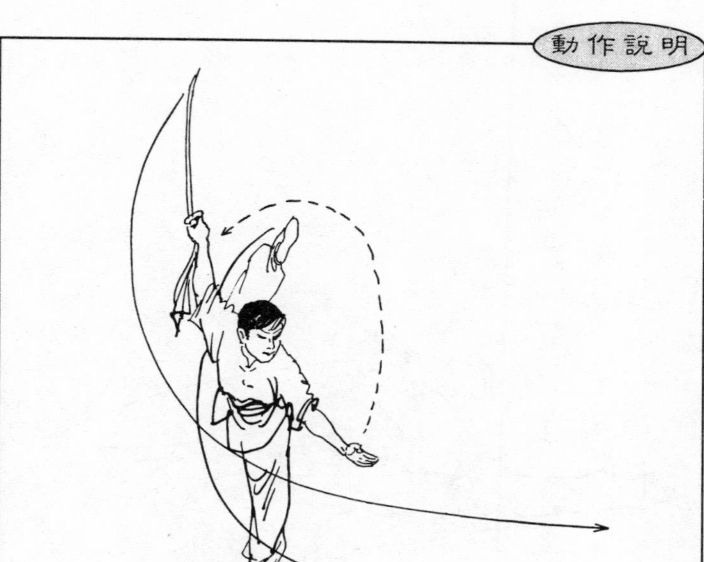

圖 23–5

第二段

（5）上體左轉前傾，左腳獨立支撐，右腿屈膝抬起；左掌向下、向前擺動，右手持刀臂內旋向上、向後立圓擺動；目視左前下方。（圖 23–5）

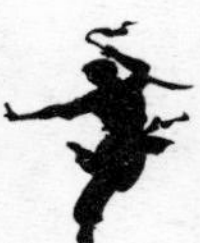

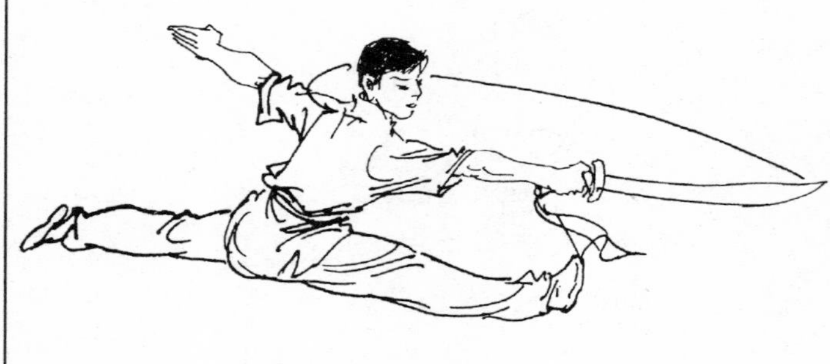

圖 24

第二段

24. 滑叉扎刀

左腳蹬地向前，右腳前伸腳尖勾起，腳跟擦地前滑成豎叉，上體前傾；同時左掌向上、向後擺至與肩同高，虎口向上，右手持刀經腰側沿右腿向前方扎出；目視刀尖前方。（圖24）

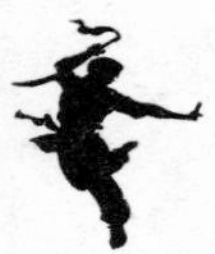

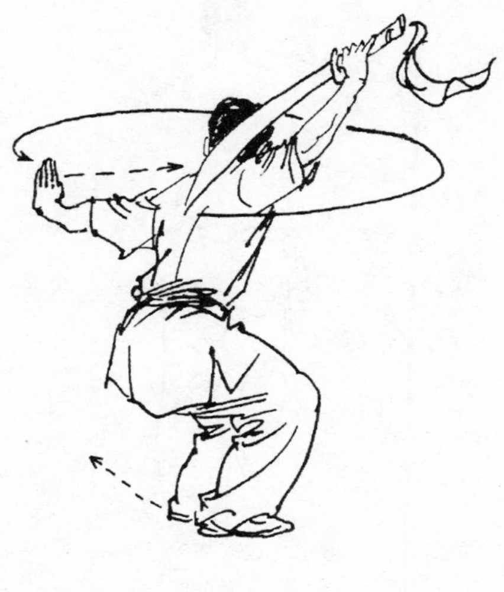

圖 25-1

第二段

25. 轉身纏頭刀

（1）兩腳蹬地跳起後屈膝併步，上體微左轉；同時右手持刀臂上舉使刀背經左貼靠後背，左手不動。（圖 25-1）

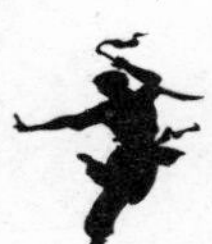

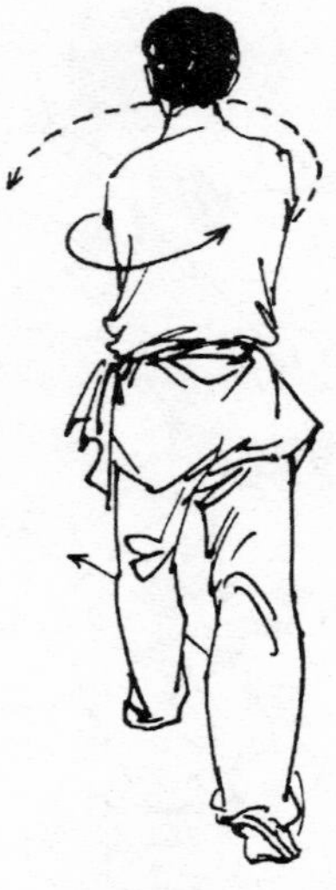

圖 25-2

第二段

（2）左腳向左落步，微屈膝；上體左轉，右手持刀經右向前、向左平擺至左肩外側，刀尖向後，左掌平擺收至右腋下，兩手心向下；目視前方。（圖 25-2）

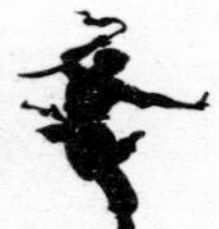

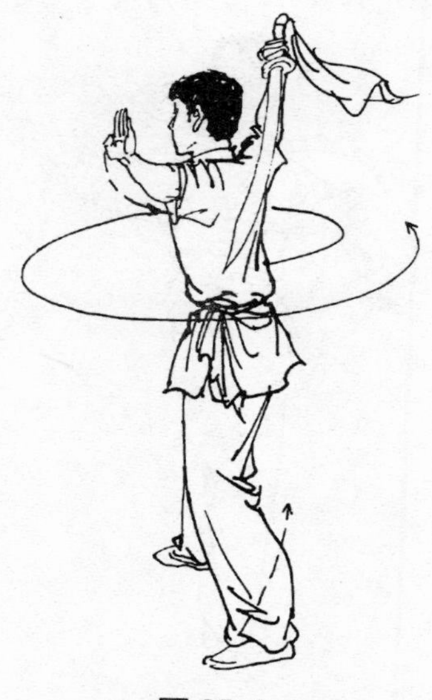

圖 25-3

第二段

（3）右腳向前上步，兩腿微屈；右手持刀臂內旋上舉，向後繞行，刀背貼背，刀尖向下，左掌向前、向左平擺；目視前方。（圖25-3）

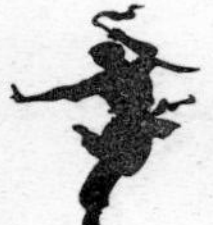

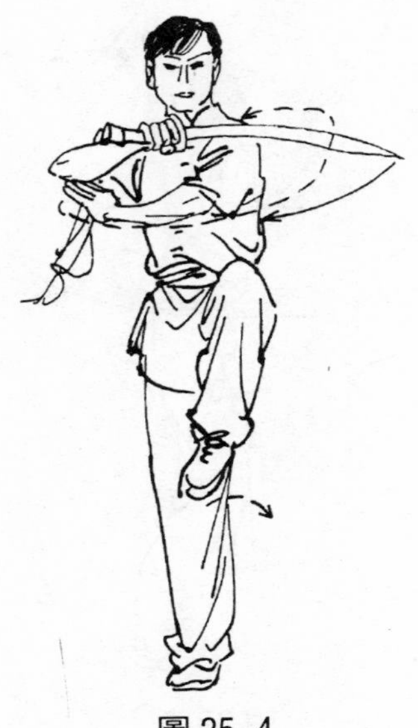

圖 25-4

第二段

（4）身體左轉，右腿獨立支撐，左腿屈膝向上抬起；右手持刀經右向前、向左平擺至左肩外側，刀尖向後，左掌平擺收至右腋下，手心向下；目視前方。（圖 25-4）

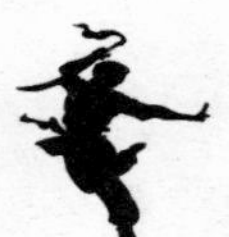

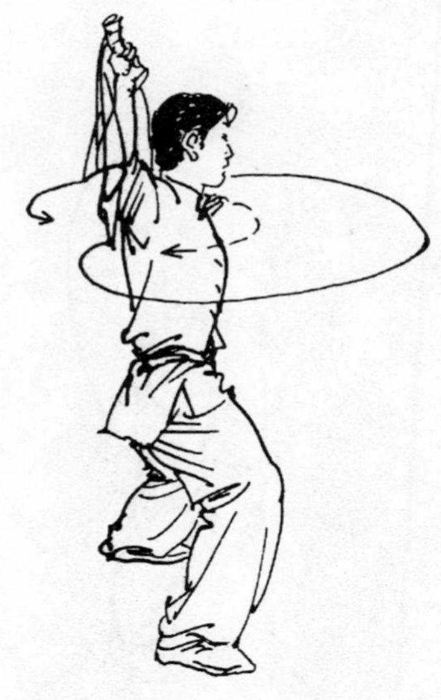

圖 25–5

第二段

（5）身體左轉，左腳向左落步，兩腿微屈；右手持刀臂內旋上舉，向後繞行，刀背貼背，刀尖向下，左掌向前、向左平擺；目視前方。（圖 25–5）

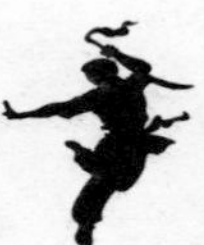

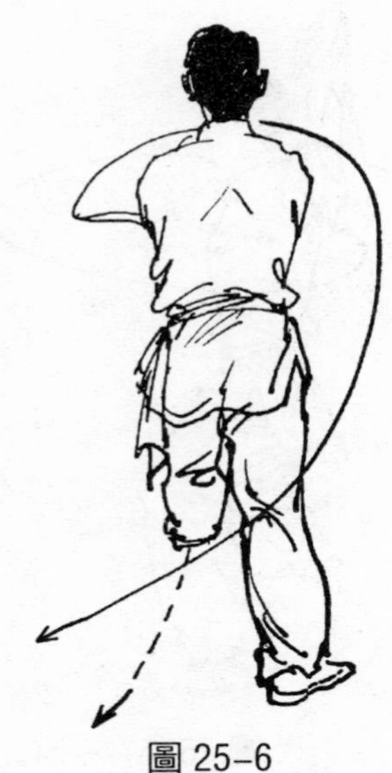

圖 25–6

第二段

（6）身體左轉，左腿屈膝半蹲，右腿伸直；右手持刀經右向前、向左平擺至左肩外側，手心向下，刀尖向後，左掌平擺收至右肩前；目視前方。（圖 25–6、6 反）

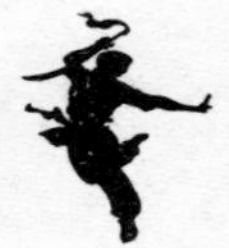

動作說明

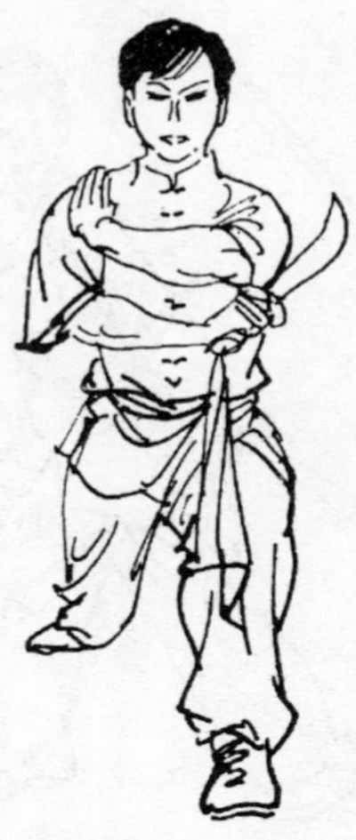

圖 25-6 反

第二段

反面圖

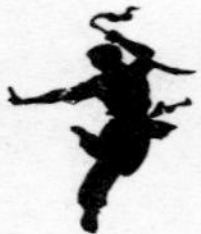

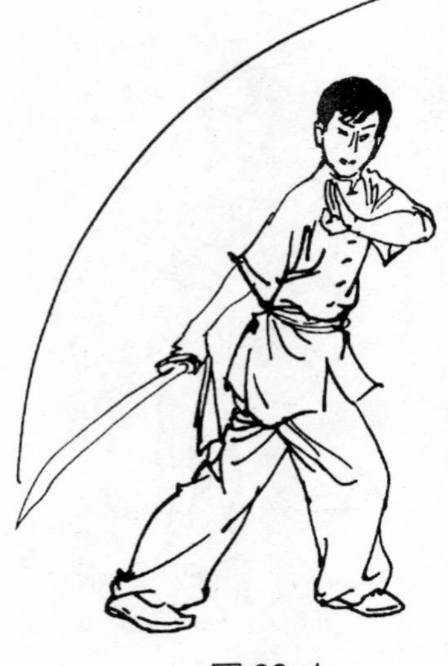

圖 26-1

第二段

26. 弓步砍刀

（1）上體右轉，重心上起，左腳向右腳後側落步，腳前掌著地；右手持刀向右下方擺動，左掌收置於右肩前；目視右下方。（圖26-1）

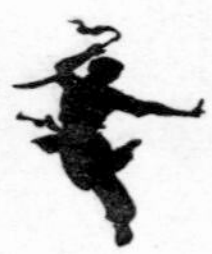

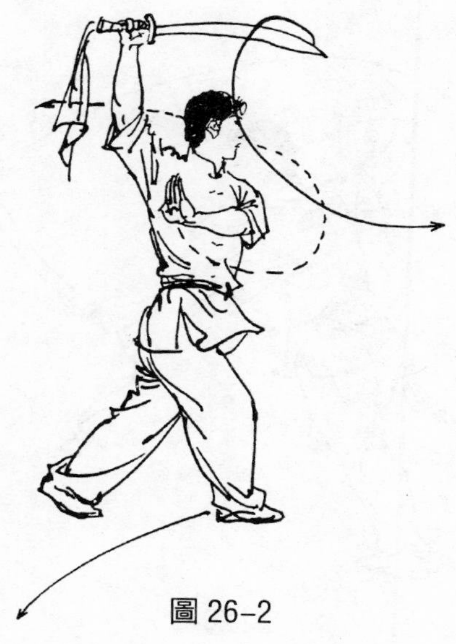

圖 26-2

第二段

（2）兩腿動作不變；右手持刀臂外旋上舉，刀尖向前。（圖 26-2）

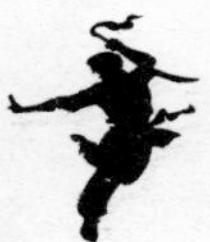

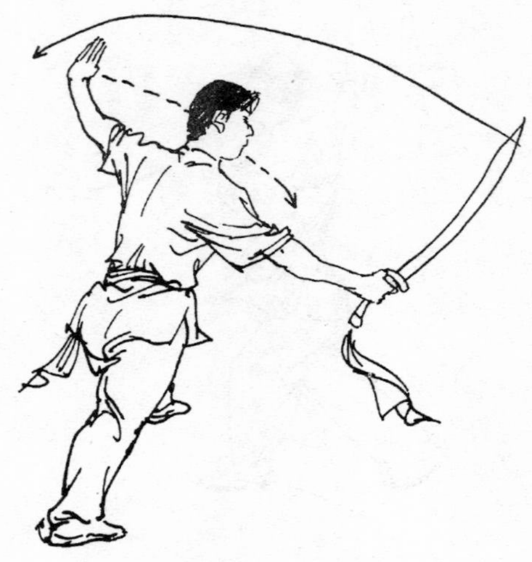

圖 26-3

第二段

（3）右腳向右落步腿伸直，左腿屈膝半蹲成左弓步；上體左轉，同時右手持刀向右下方斜劈，左掌向左後方伸出，指尖向上；目視刀身。（圖 26-3）

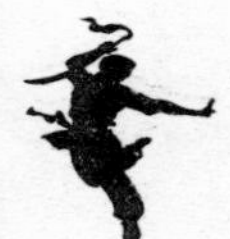

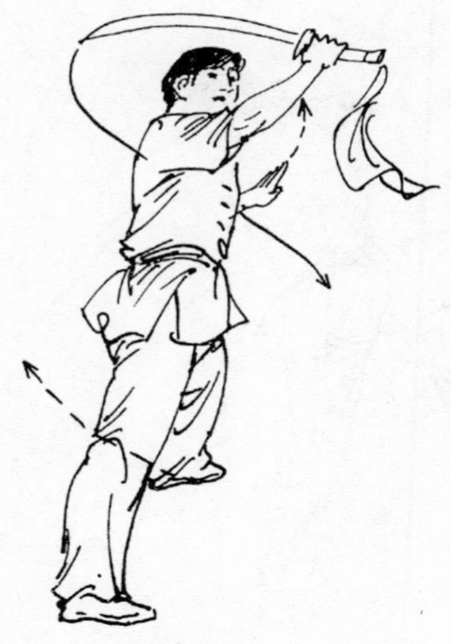

圖 27-1

27. 翻身弓步扎刀

（1）上體右後仰，右腳跟內扣，右手持刀扣腕使刀尖向後，左掌屈肘下落並收至右胸前；目視刀身。（圖 27-1）

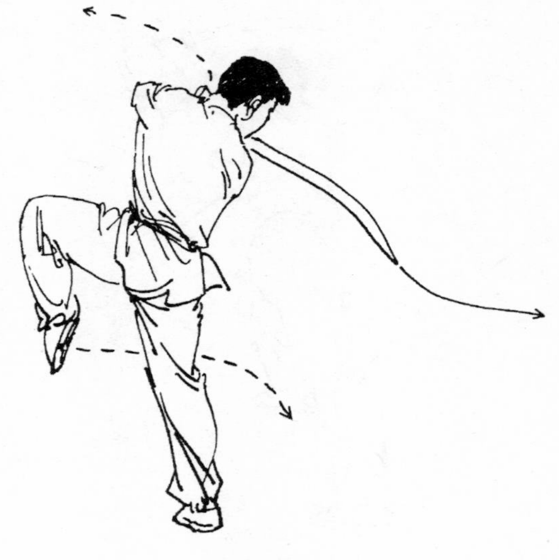

圖 27-2

第二段

（2）右腿獨立支撐，以右腳掌為軸碾地，左腿屈膝向上抬起並內扣，上體繼續向右後翻轉；左掌收至右前臂內側，右手持刀隨體轉向後下擺動；目視右下方。（圖 27-2）

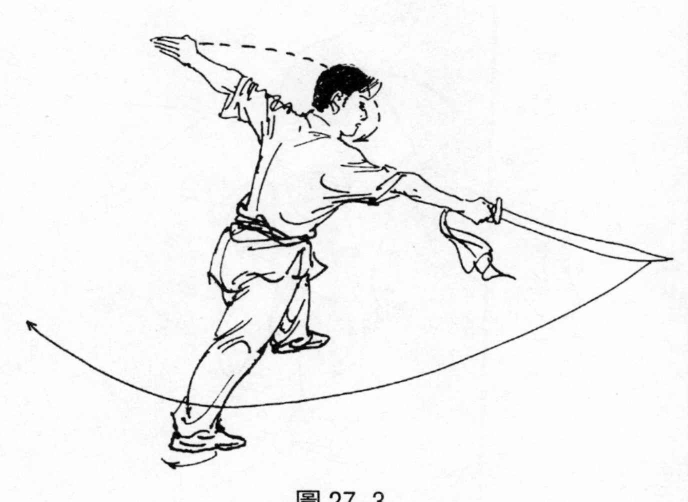

圖 27-3

第二段

（3）左腳向右前方落步屈膝半蹲，右膝伸直成左弓步；右手持刀向體右下立刀扎出，左掌向左後方伸出，虎口向上；目視刀尖。（圖 27-3）

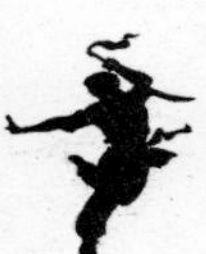

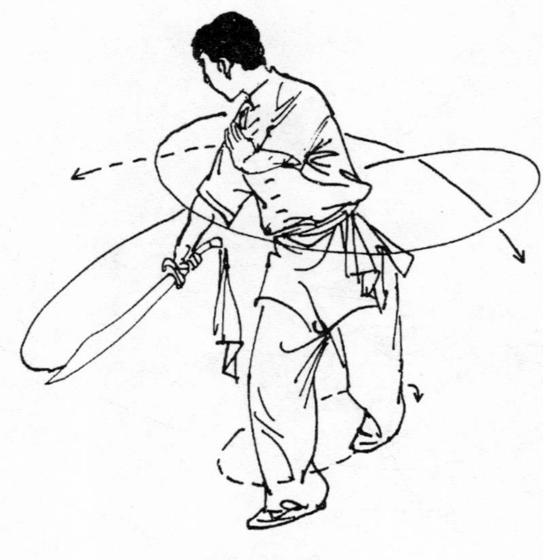

圖 28-1

第二段

28. 旋轉格刀

（1）上體右後轉，右腳抬起隨即落步，腳尖外展，兩腿微屈；右手持刀向右後擺動，左掌隨體轉收至右肩前；目視刀尖。（圖 28-1）

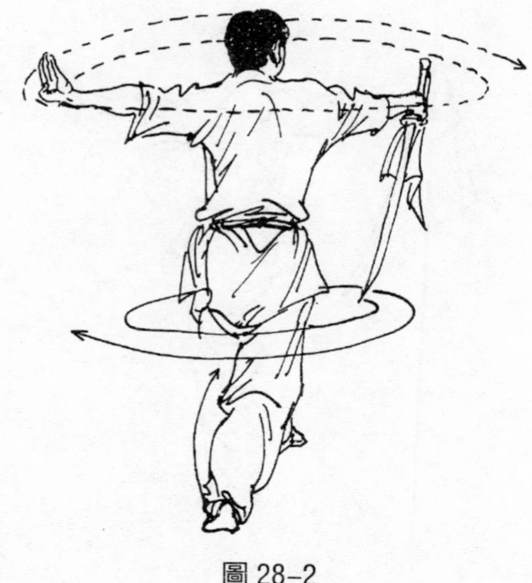

圖 28-2

第二段

（2）身體向右後擰轉，左腳向右經右腿前落於左前方，腳尖內扣；右手持刀臂外旋上舉，向後經背部至身體左前方時，刀刃向前，刀尖向下並向右擺動，左掌向左後方伸出；目視前方。（圖 28-2）

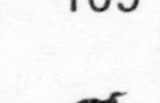

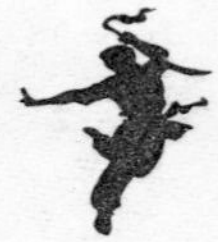

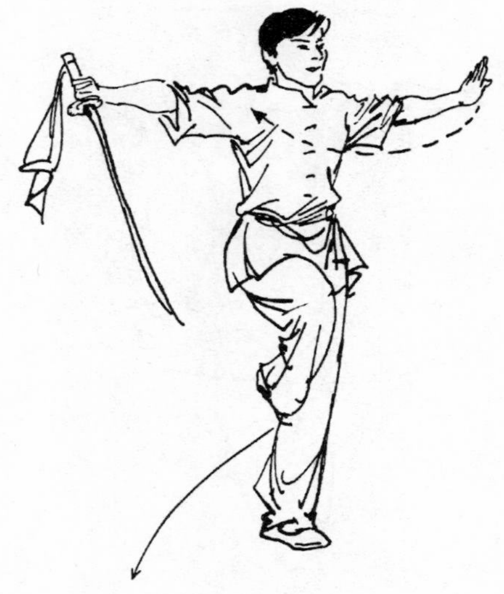

圖 28–3

第二段

（3）以左腳前腳掌為軸，左腿伸直獨立支撐向右後轉體一周半，右腳抬起貼於左膝後側；右手持刀隨體轉向右後格刀，左掌隨體轉平擺；眼隨體轉平視。（圖 28–3）

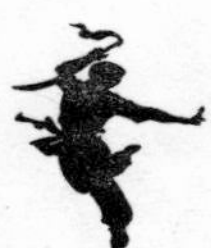

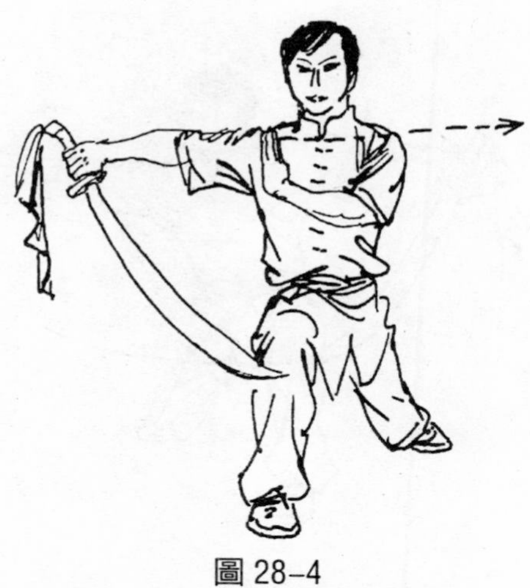

圖 28-4

第二段

（4）身體重心右移；右腳向右落步，右腿屈膝，左腿伸直成右弓步；右手持刀扣腕，刀尖置於右膝外側，左掌收至右肩前，指尖向上；目視右前方。（圖 28-4）

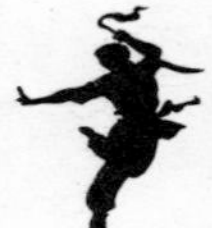

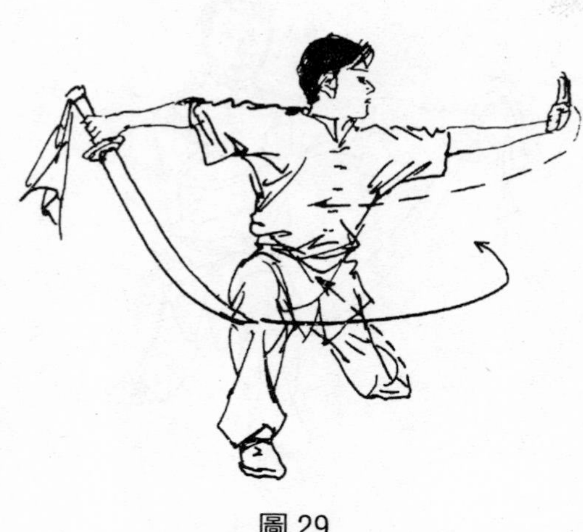

圖 29

第二段

29. 弓步藏刀

兩腿和右手持刀動作不變，左掌向左推出，指尖向上；頭向左轉，目視左前方。（圖29）

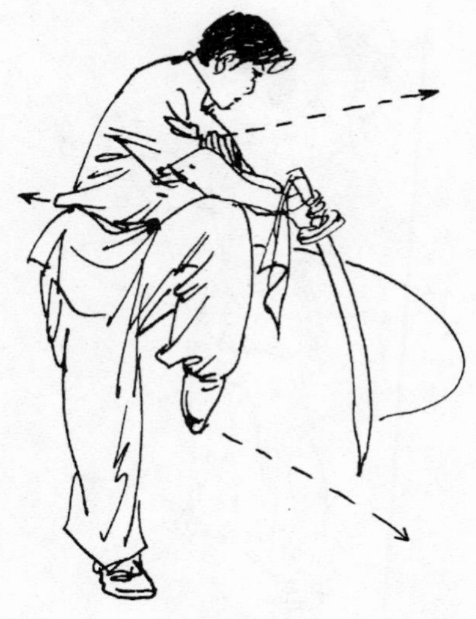

圖 30–1

第三段

30. 轉身上步扎刀

（1）上體微向左擰轉前俯，右腿獨立支撐，左腿屈膝向上抬起貼近胸部，小腿內收，腳面繃平；右手持刀向左經前向左小腿外側平擺，左掌收至右前臂內側；目視左前下方。（圖 30–1）

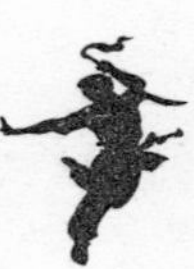

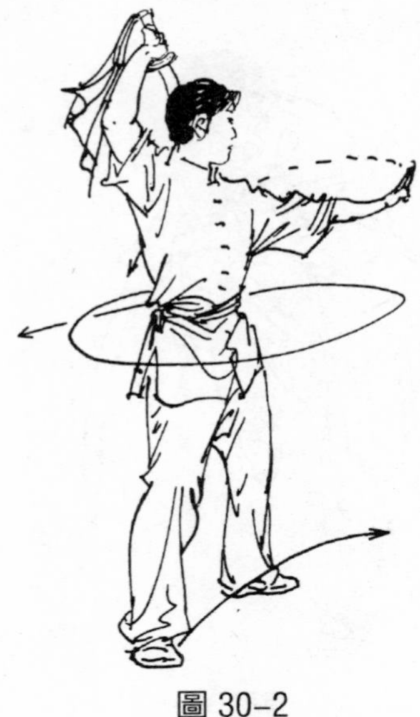

圖 30-2

第三段

（2）左腳向左前方上步，兩腿微屈，右手持刀臂內旋上舉，經左肩外側向後背繞行，刀背貼靠背部，刀尖向下，左掌向前、向左平擺；目視左前方。（圖 30-2）

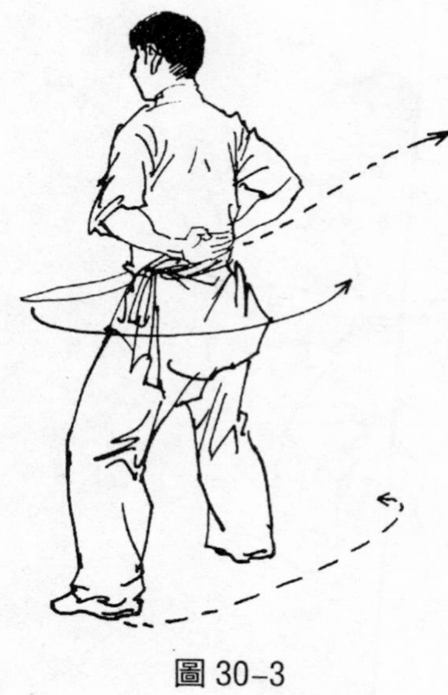

圖 30-3

第三段

（3）右腳向左前方上步，腳尖內扣；上體左轉，右手持刀向右平擺後收至右腰側，虎口向上，左掌向下、向後擺動，屈肘使掌背貼於後腰部。（圖 30-3）

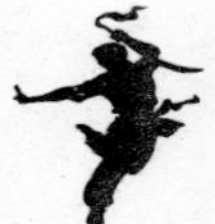

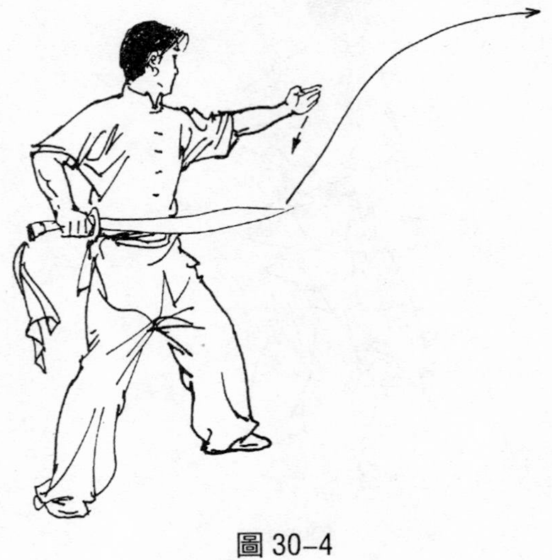

圖 30-4

第三段

（4）右腳以前腳掌為軸碾地，上體左後轉 180°，左腳隨體轉向前上步，兩腿微屈；左掌隨體轉向下、向左上擺；目視前方。（圖 30-4）

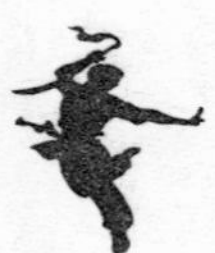

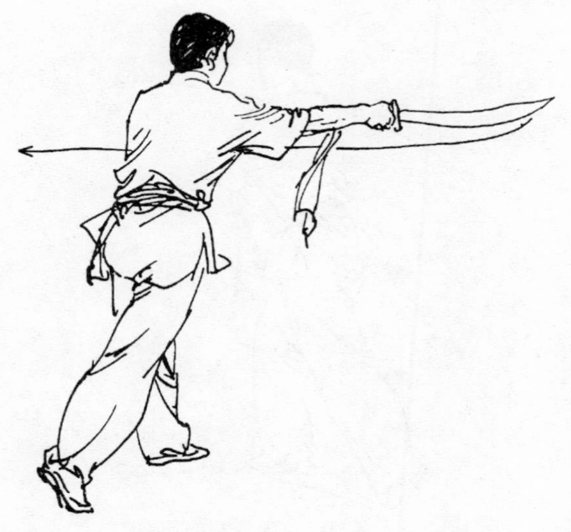

圖 30–5

第三段

（5）上體左轉，重心移至左腿，右膝伸直，右腳跟抬起；右手持刀向前立刀扎出，左掌置於右上臂內側；指尖向上；目視刀尖前方。（圖 30–5 ）

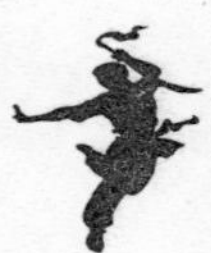

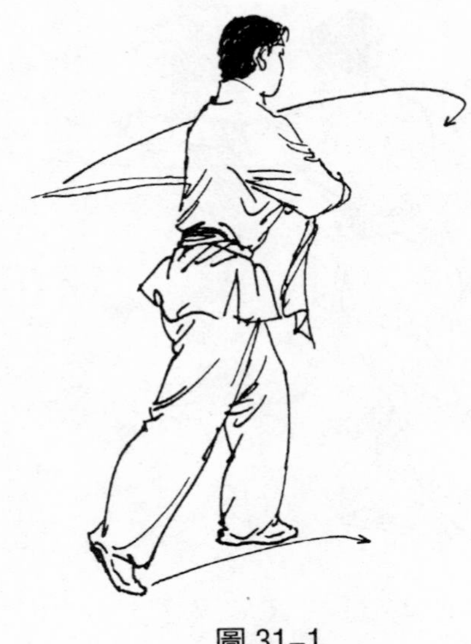

圖 31-1

第三段

31. 騰空掃刀

（1）兩腿動作不變；右手持刀臂內旋收至左腋下，手心向下，左掌置於右肩前，指尖向上；目視前方。（圖 31-1）

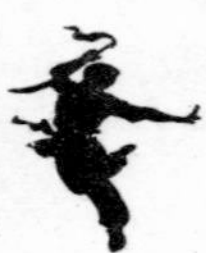

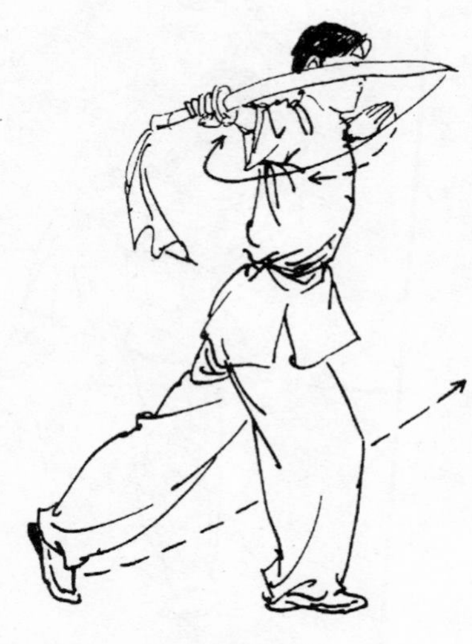

圖 31-2

第三段

（2）上體微右轉；右腳向右前方上步，腳尖外展；右手持刀向右平擺，左掌向左平擺；目視前方。（圖 31-2）

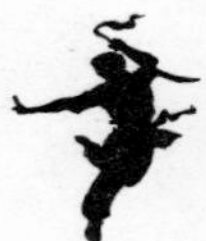

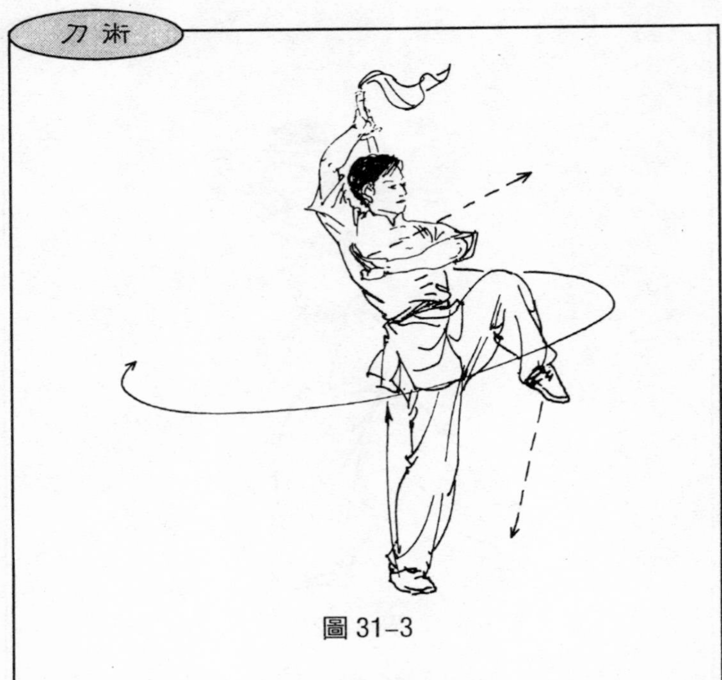

圖 31-3

第三段

（3）上體微右轉，右腿獨立支撐，左腿屈膝向上抬起；右手持刀臂外旋上舉，向後背部繞行，刀背貼背，刀尖向下，左掌收至右胸前；目視前方。（圖 31-3）

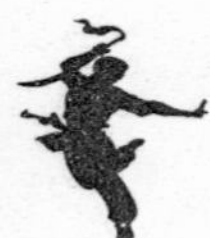

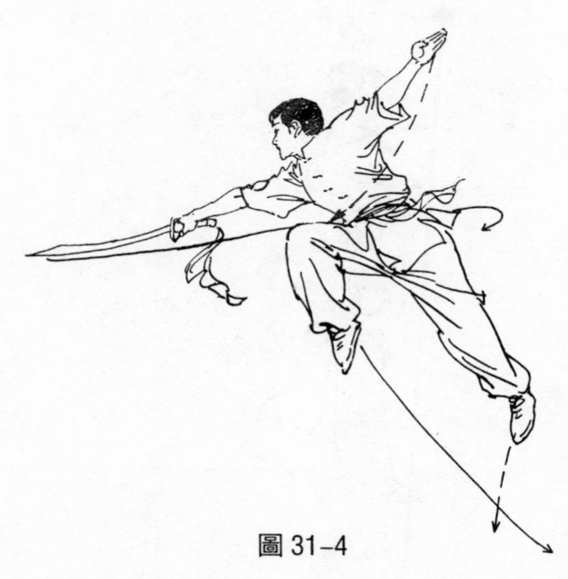

圖 31-4

第三段

（4）身體右轉，同時右腳蹬地跳起，右腿屈膝向上抬起，小腿內收，腳面繃平，左腿伸直，上體前俯，右手持刀向前、向右掃刀，左掌向左後平擺；目視前下方。（圖 31-4）

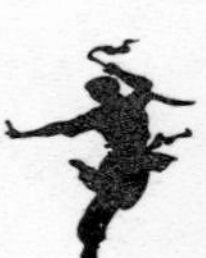

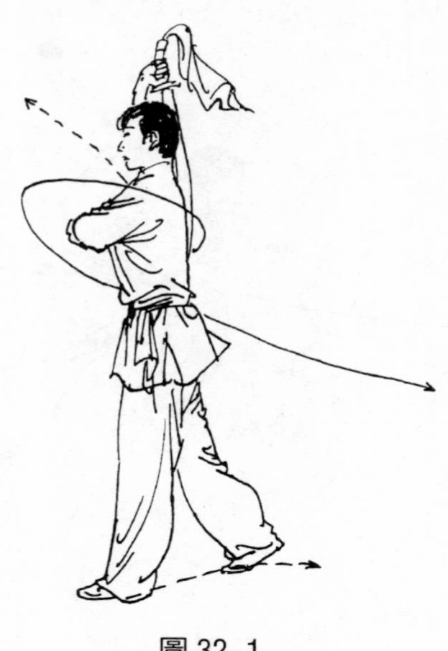

圖 32-1

第三段

32. 回身撩刀

（1）左腳落地，右腳向後落步，前腳掌著地；右手持刀繼續向右下平擺後臂外旋上舉，左掌收至右肩前；目視前方。（圖 32-1）

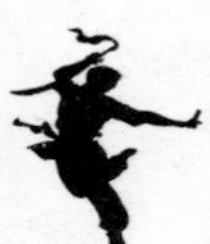

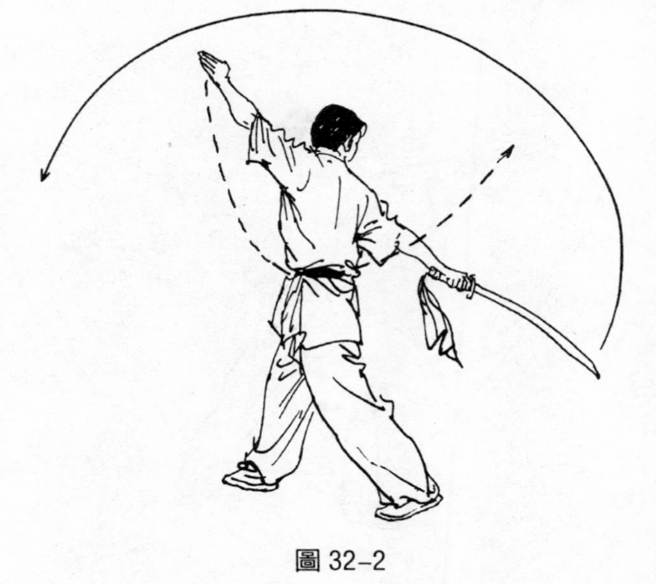

圖 32–2

第三段

（2）左腳向右腳後方退步，前腳掌著地；右手持刀經左肩向前、向下沿右腿外側立圓擺動，左掌向左前方伸出；目視右斜下方。（圖 32–2）

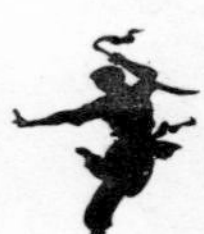

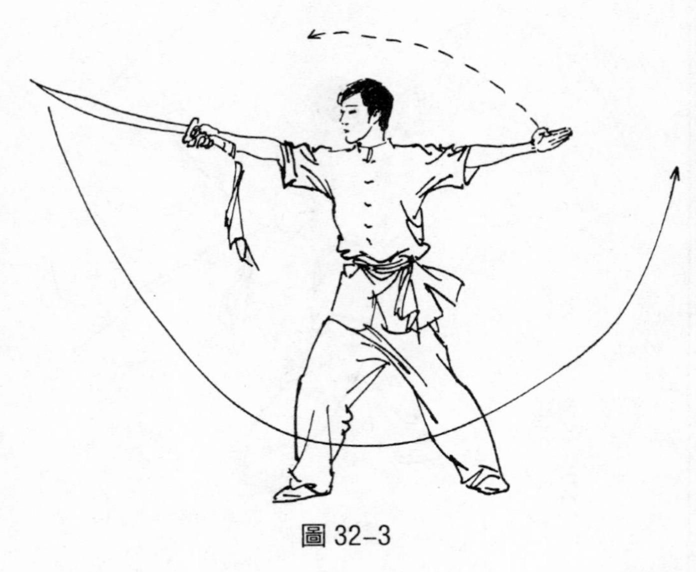

圖 32-3

第三段

（3）身體左後轉，兩腳以前腳掌為軸隨體轉碾地；右手持刀臂外旋直臂上擺，隨體轉向右擺動，左掌向下隨體轉向左擺動；目視前方。（圖 32-3）

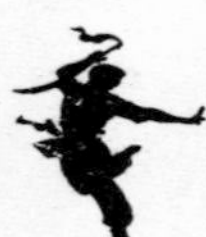

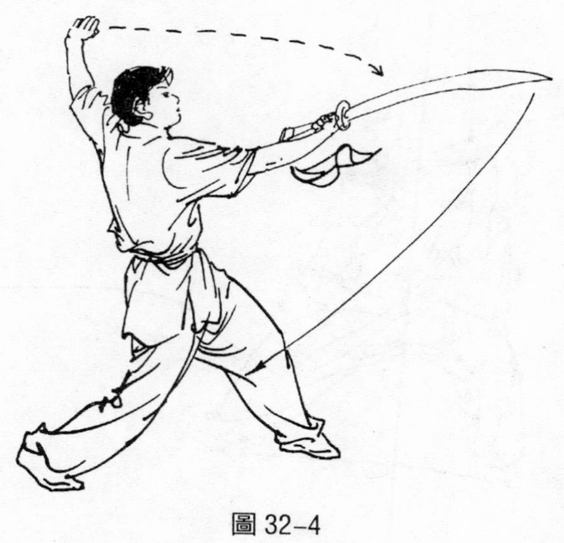

圖 32-4

第三段

（4）身體左轉，兩腿微屈，上體後仰，右手持刀向下隨體轉向前上方撩出，刀刃向上，左掌上擺置於頭部左上方；目視刀尖方向。（圖32-4）

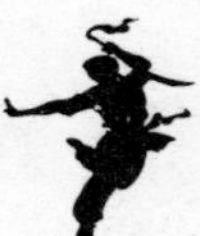

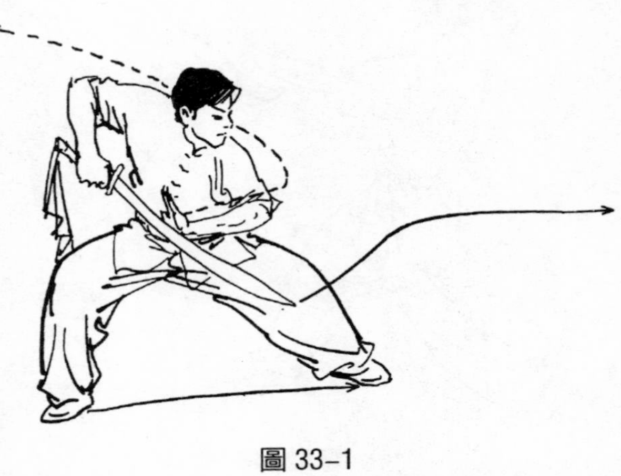

圖 33-1

第三段

33. 震腳分手扎刀

（1）兩腿屈膝半蹲；左掌下落拍擊刀身，同時右手持刀臂內旋下落收至右腰側；目視斜下方。（圖 33-1）

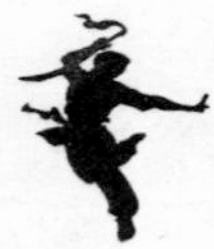

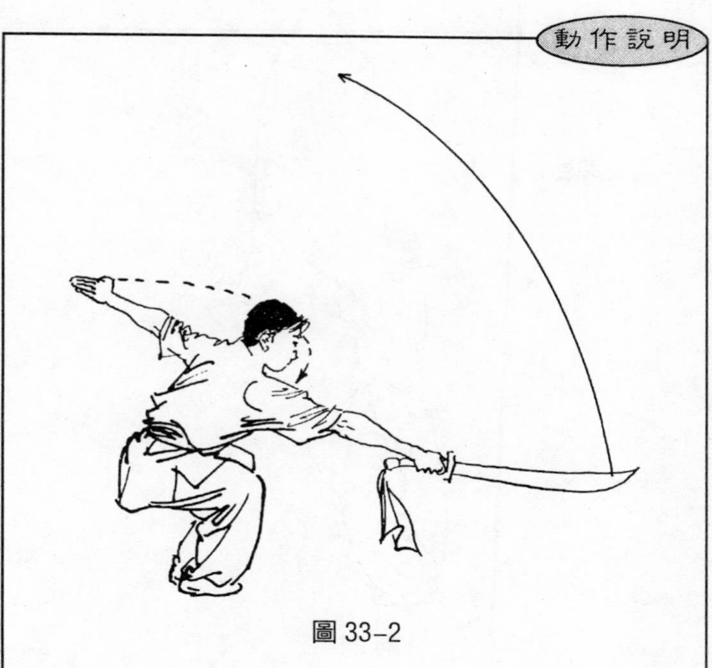

圖 33-2

第三段

（2）右腳向左腳內側靠攏，全腳著地震踏，兩腿屈膝半蹲成併步震腳；右手持刀向前立刀扎出，左掌向左、向後擺動，虎口向上；目視刀尖方向。（圖 33-2）

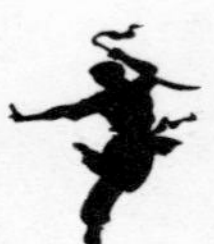

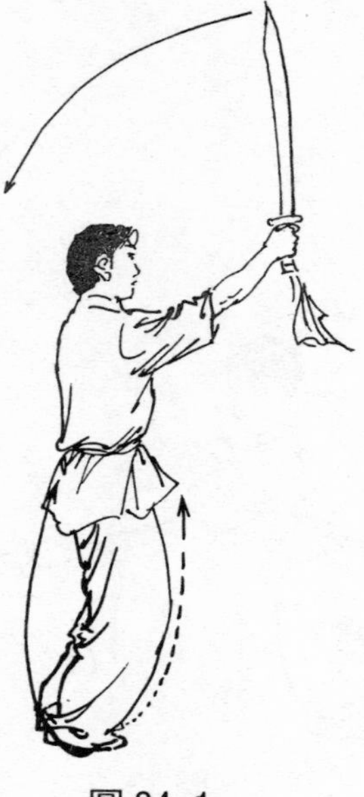

圖 34-1

第三段

34. 仆步藏刀

（1）身體重心上起，兩腿微屈膝；右手持刀上舉，刀尖向上，左掌收至右肩前；目視前方。（圖 34-1）

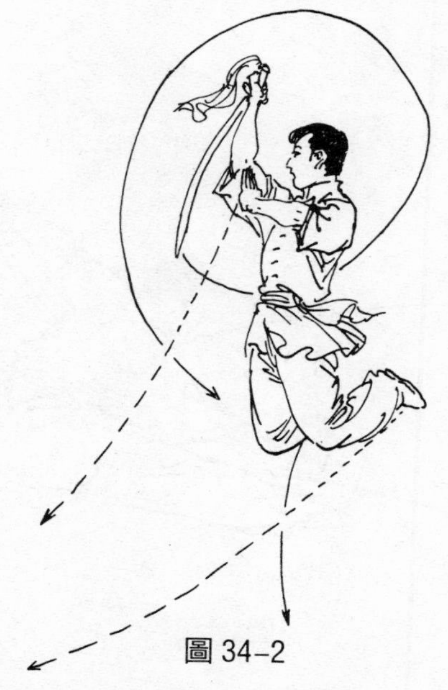

圖 34-2

第三段

（2）兩腳同時蹬地屈膝收起，兩腳跟貼近臀部，同時身體右後轉；右手持刀刀尖下落，左掌置於右肩前。（圖 34-2）

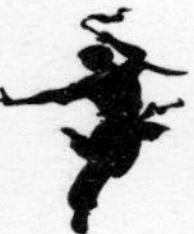

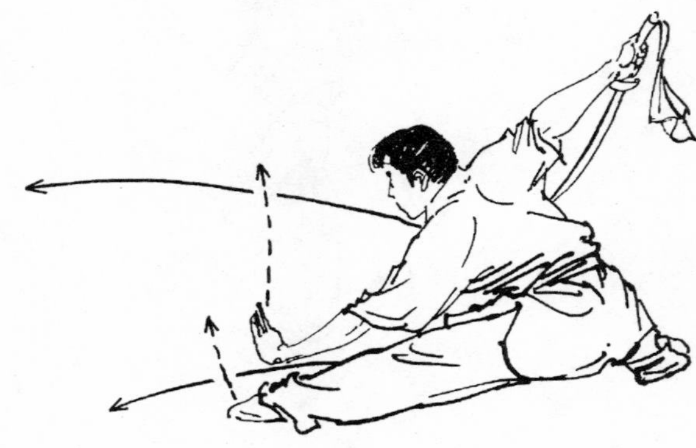

圖 34-3

第三段

（3）在空中上體右轉，右手持刀以腕關節為軸在右臂外側向後、向前、向下立圓繞行一周並向右後上方擺動，刀刃斜向下；兩腳同時落地，右腿屈膝全蹲，左腿伸直，左腳尖內扣成左仆步；左掌向前下方推出至左腳上方；目視前下方。（圖 34-3）

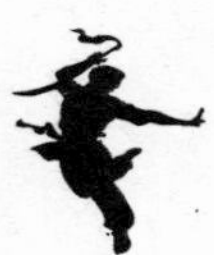

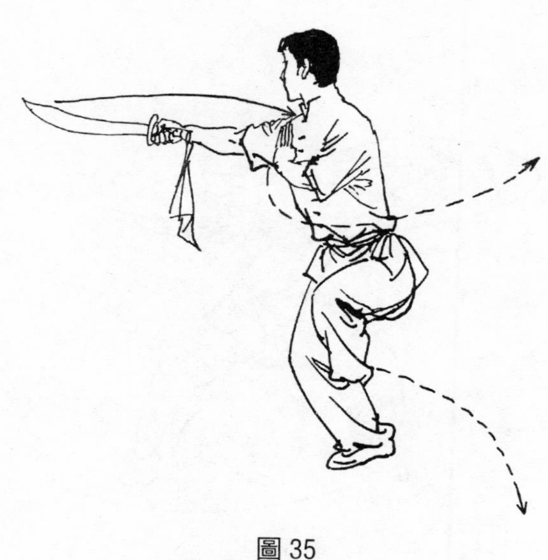

圖 35

第三段

35. 扣腿扎刀

身體重心上起；右腳向右前方上步，屈膝半蹲，左腿屈膝抬起，左腳面緊貼於右膝後側；右手持刀向右前方立刀扎出，左掌置於右上臂內側；目視刀尖前方。（圖 35）

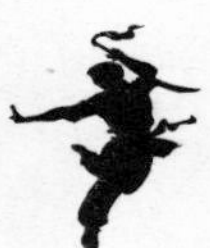

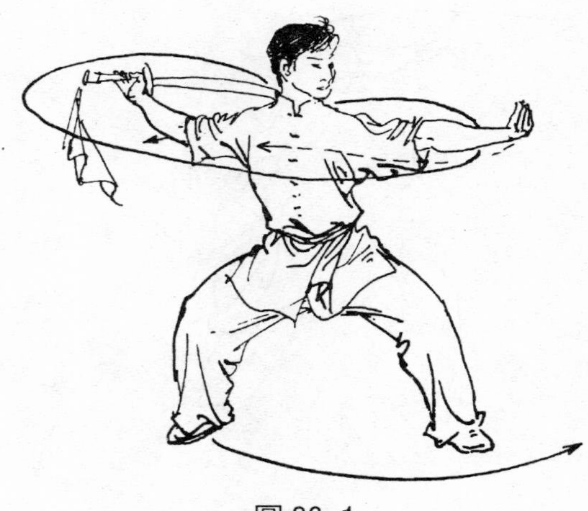

圖 36-1

第三段

36. 掃刀旋子

（1）左腳向左後方落步，兩腿微屈；身體左轉；右手持刀臂外旋使刀尖向後，左掌向前平擺；目視左前方。（圖 36-1）

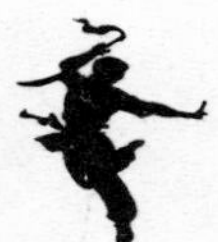

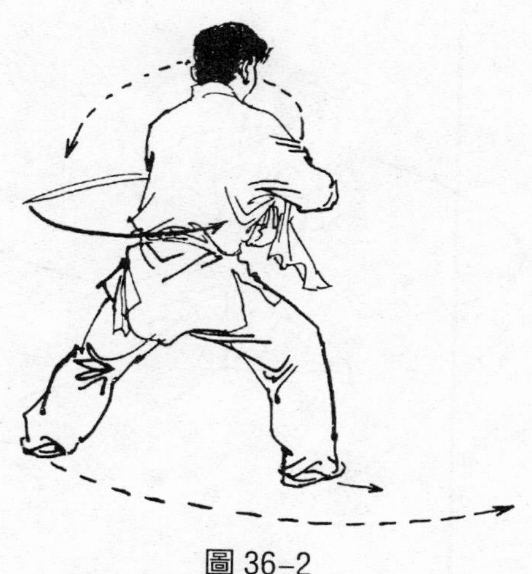

圖 36–2

第三段

（2）上體向左後轉，右腳向前上步，腳尖內扣，兩腿微屈；右手持刀經右向前、向左臂外側平擺，刀尖向後，手心向下，左掌平擺收至右腋下。（圖 36–2）

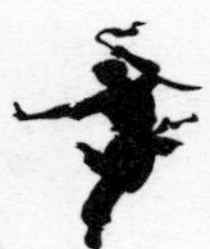

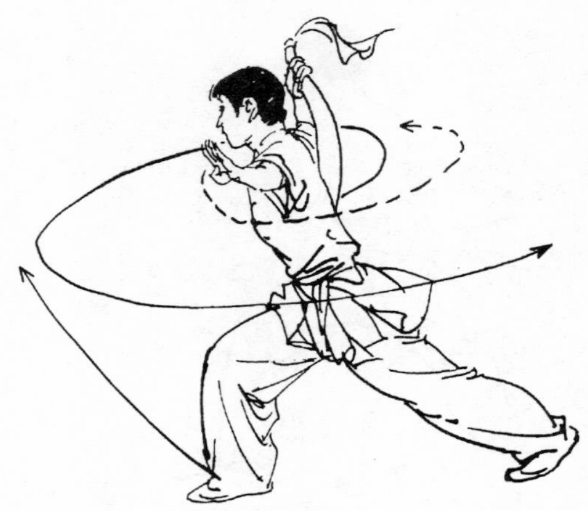

圖 36-3

第三段

（3）右腳隨上體左轉向後墊步，左腳隨即經右腳向左後方退步，前腳掌著地；右手持刀臂內旋上舉向後繞行，刀背貼背，左掌隨體轉向左平擺。（圖 36-3）

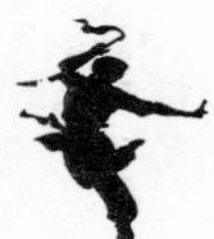

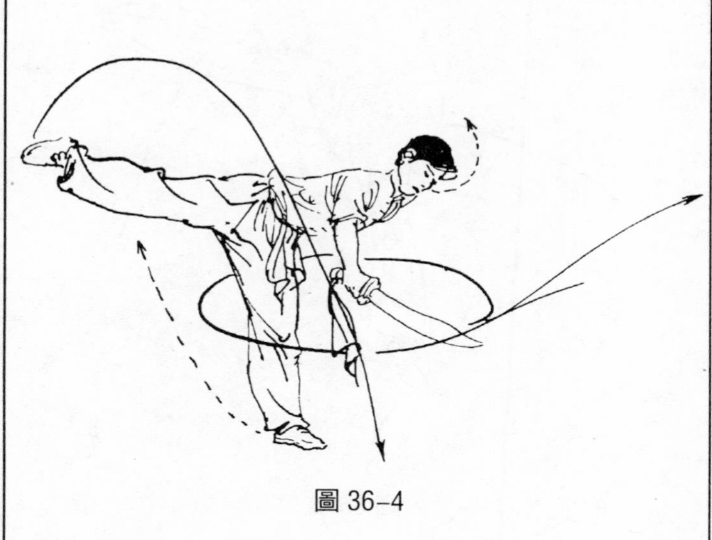

圖 36-4

第三段

（4）上體前俯並向左後擰轉，左腳蹬地，右腿伸直向上擺起；右手持刀經右向前、向左平擺，左掌隨體轉平擺；目視前下方。（圖 36-4）

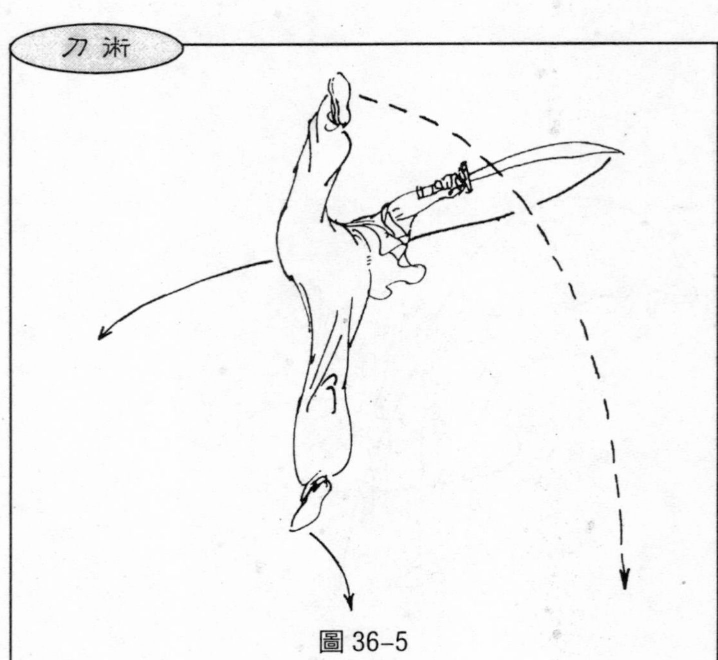

圖 36-5

第三段

（5）左腿伸直向上擺動，身體騰空繼續向左平旋；右手持刀向左、向右在身體下方平掃一周，左掌隨體轉平擺；目視前下方。（圖36-5）

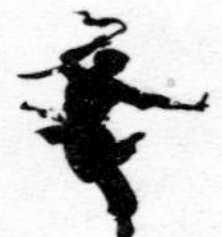

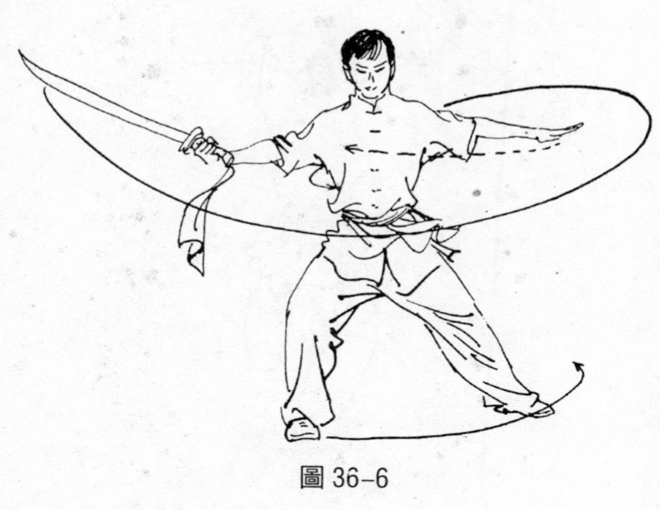

圖 36-6

第三段

（6）右腳先落地，左腳向左側落步；右手持刀隨體轉平擺，左掌隨體轉平擺；目視前下方。（圖 36-6）

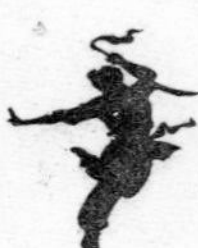

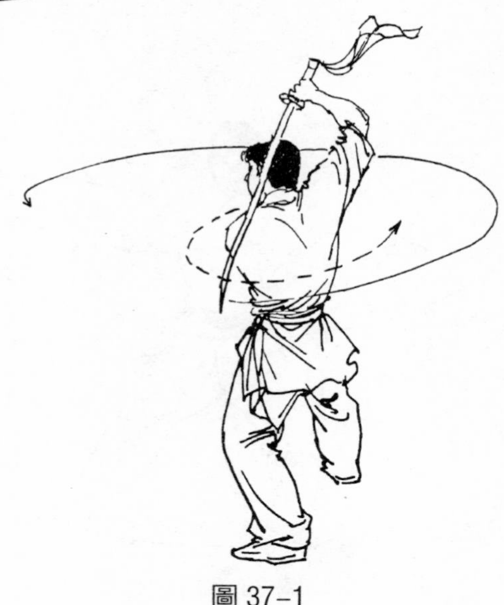

圖 37-1

第三段

37. 轉身抹刀

（1）身體向左後擰轉，左腳以前腳掌為軸碾轉，右腳隨之向前上步，腳尖微內扣；右手持刀向前、向左經左臂外側向背後繞行，左掌平擺收至右胸前，手心向下。（圖 37-1）

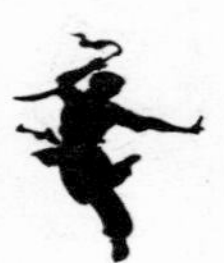

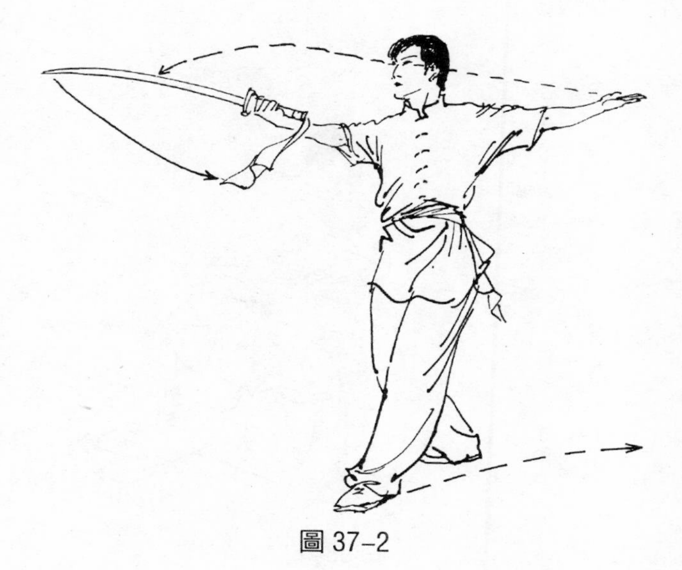

圖 37–2

第三段

（2）上體左擰，並微後仰，身體重心移至右腿，左腿伸直；右手持刀經右向前直臂平抹，手心向上，刀刃向左，同時左掌隨體轉向左後方平擺；目視前方。（圖 37–2）

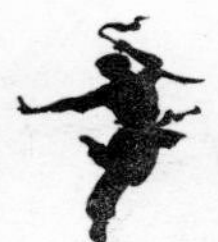

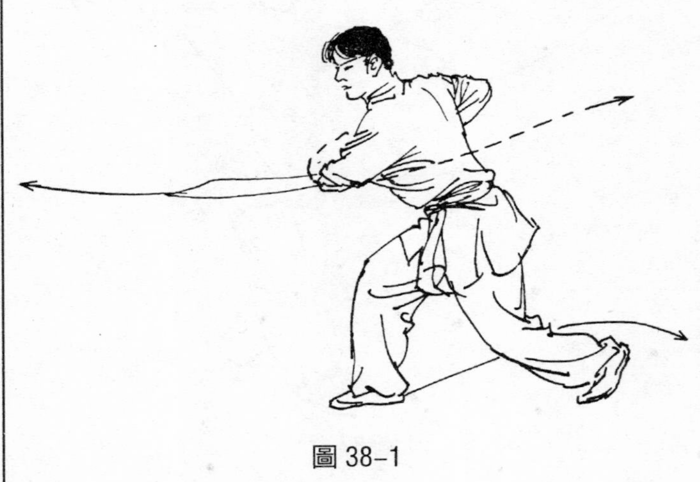

圖 38-1

第三段

38. 退步分手扎刀

（1）身體重心後移；左腳向後退步，前腳掌著地，兩腿微屈；左掌向前拍擊刀身，同時右手持刀臂內旋收至右腰側，虎口向上；目視刀尖方向。（圖 38-1）

動作說明

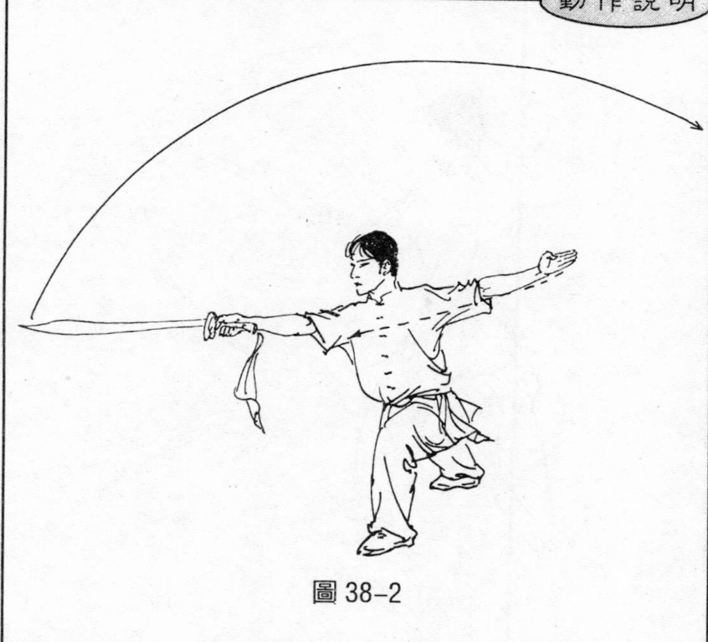

圖 38-2

第三段

（2）身體重心後移；右腳向右後方退步，右腿伸直，左腿屈膝；同時右手持刀向前立刀扎出，左掌向左後方平擺，虎口向上；目視刀尖前方。（圖 38-2）

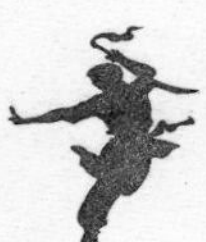

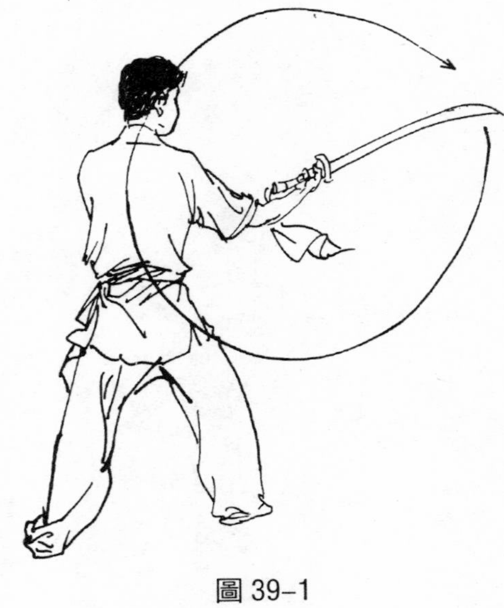

圖 39-1

第三段

39. 退步左右剪腕花

（1）身體右轉，重心上起，兩腿微屈；右手持刀向上、向右擺動，左掌平擺收至右肩前，指尖向上；目視右前方。（圖 39-1）

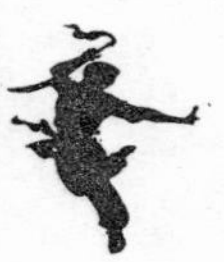

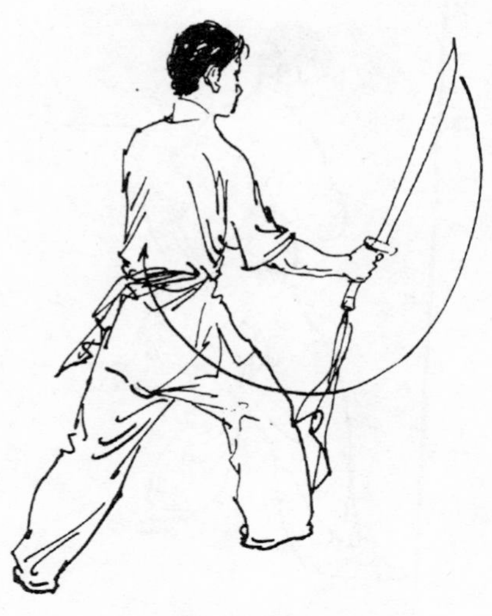

圖 39-2

第三段

（2）右手持刀以腕關節為軸在右臂外側貼身立圓繞行一周；目視右方。（圖 39-2）

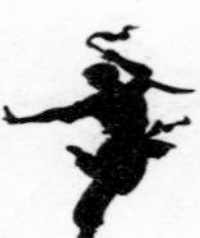

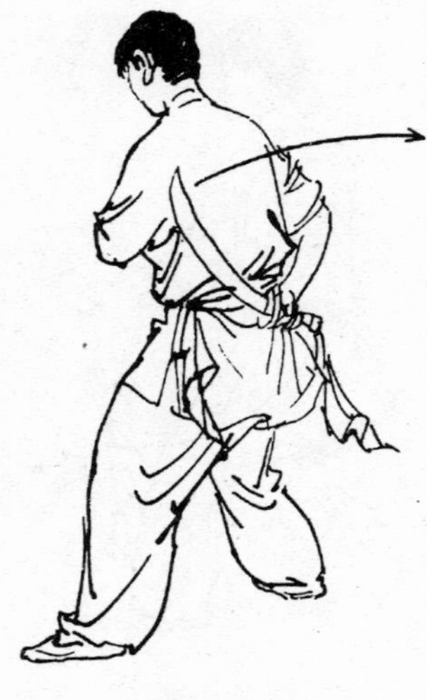

圖 39-3

第三段

（3）上體左轉，右手持刀臂內旋使刀向下、向背後貼身繞行。（圖 39-3）

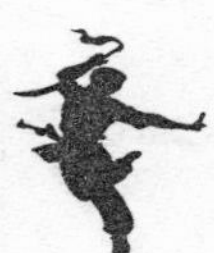

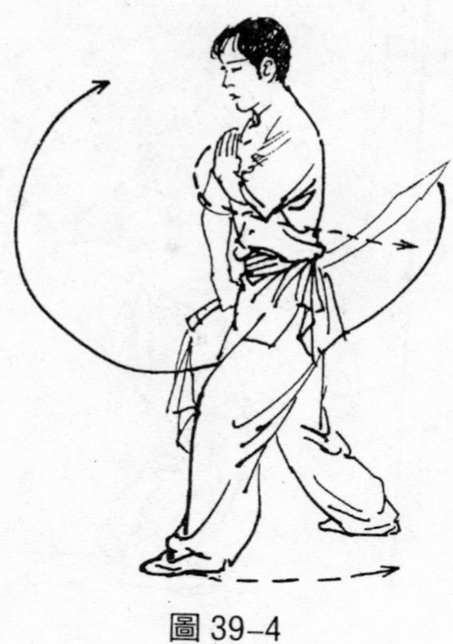

圖 39–4

第三段

（4）上體左轉，右手持刀隨體轉置於身體右側，刀尖向後。（圖 39– 4）

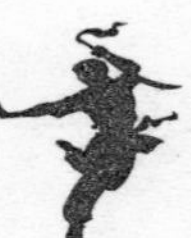

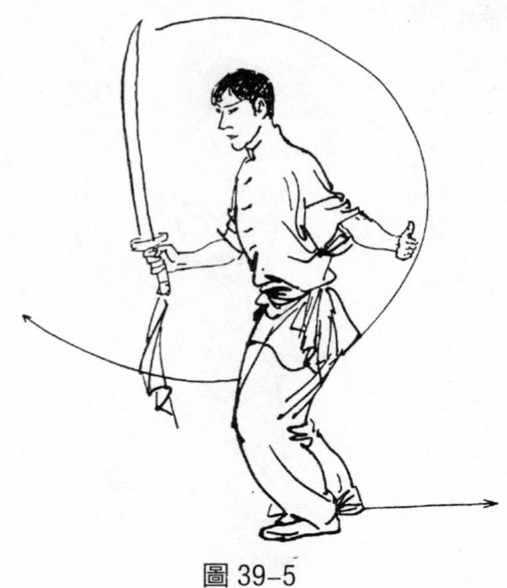

圖 39-5

第三段

（5）左腳向後退步，右手持刀以腕關節為軸向下、向前、向上擺動，左掌向左下方伸出。（圖 39-5）

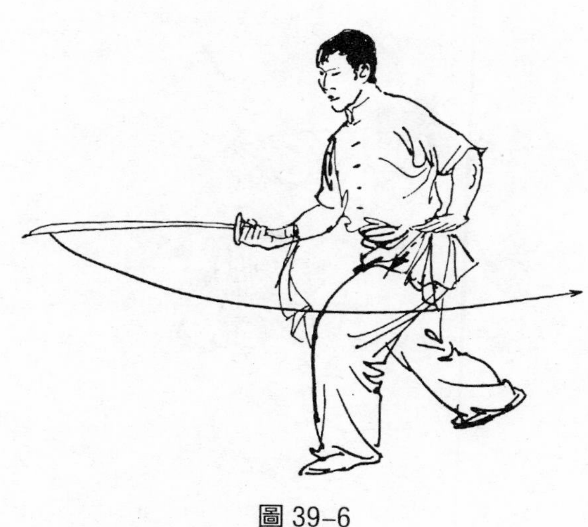

圖 39–6

第三段

（6）右腳向後退步，前腳掌著地；右手持刀以腕關節為軸沿右臂外側向後、向前貼身立圓繞行，左掌置於體左側；目視刀身。（圖39–6）

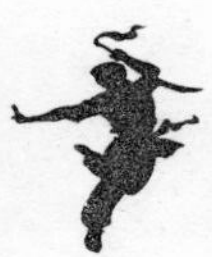

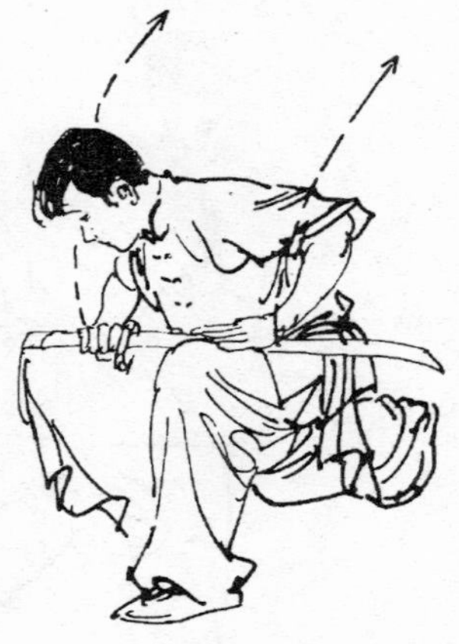

圖 40-1

第三段

40. 跪步推刀

（1）上體前俯收腹，左腿屈膝半蹲，右腿膝部著地；右手持刀臂內旋向前、向左平擺，刀背貼近腹部，左掌屈肘按於刀背上方；目視前下方。（圖 40-1）

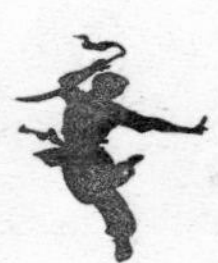

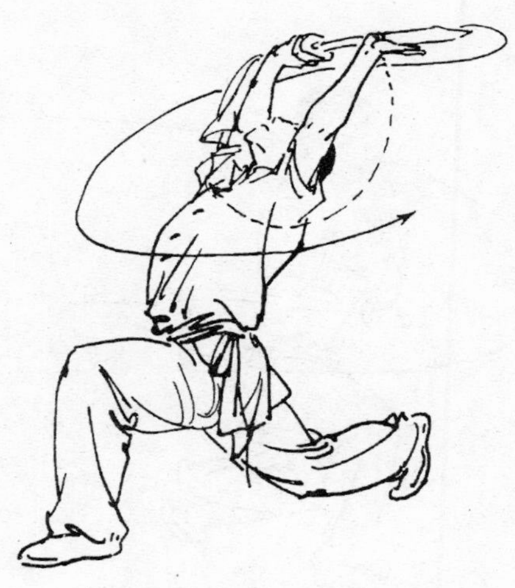

圖 40–2

第三段

（2）上體後仰，右手持刀與左手一起經胸前向頭部後上方推出；目視刀身。（圖 40–2）

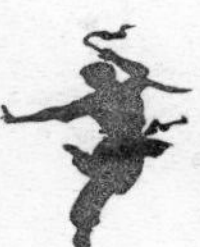

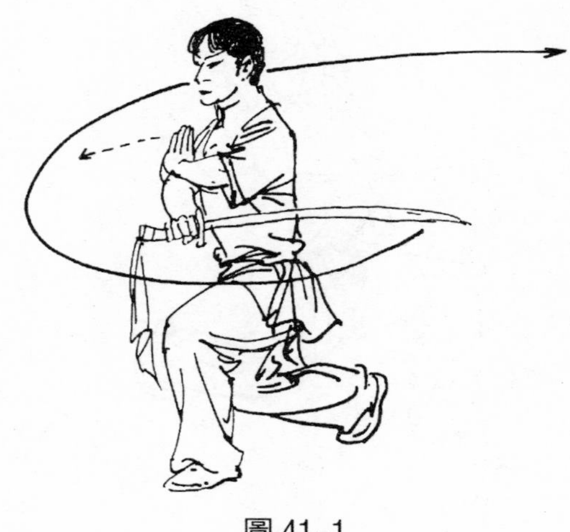

圖 41-1

第三段

41. 轉身裹腦刀

（1）上體直起，右膝離地；右手持刀向右經體前向左平擺至左腋下，手心向下，左掌經左向前屈肘收至右肩前；目視前方。（圖41-1）

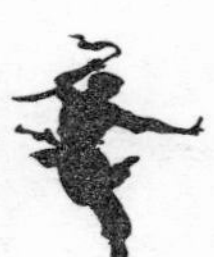

動作說明

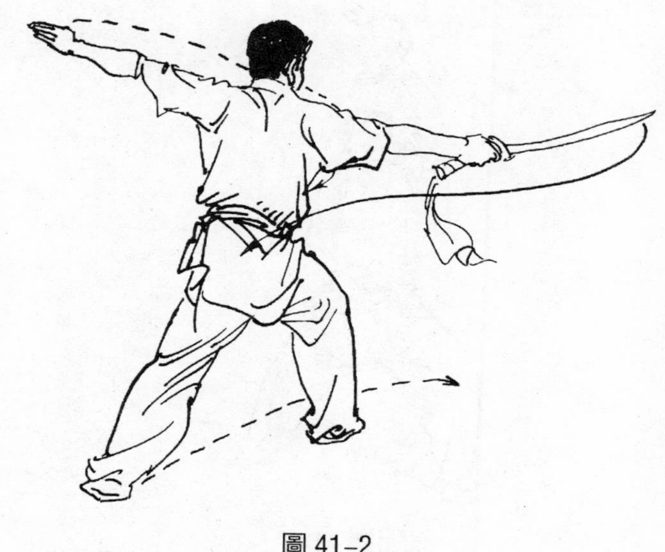

圖 41-2

第三段

（2）身體右後轉，右腳前腳掌隨體轉碾動，重心移至右腿；右手持刀隨體轉向右平擺，左掌向左平擺。（圖 41-2）

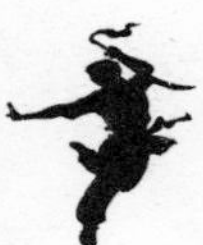

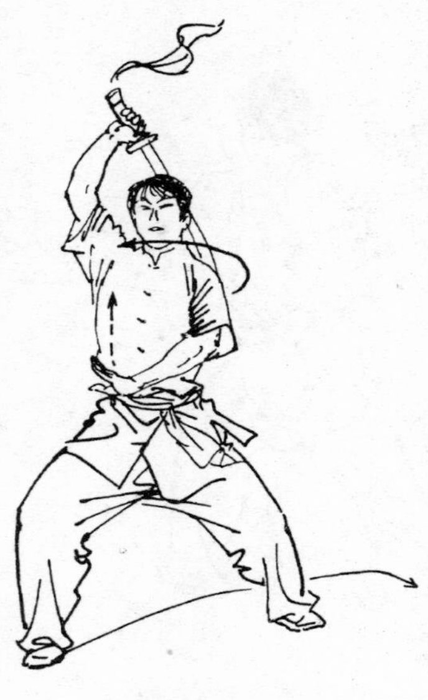

圖 41–3

第三段

（3）身體繼續右後轉，同時左腳向右腳前方上步，腳尖內扣；右手持刀隨體轉繼續向右平擺後臂外旋上舉；刀背貼背，刀尖向下，左掌隨體轉收至體前；目視前方。（圖 41–3）

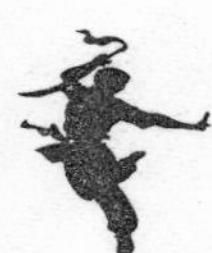

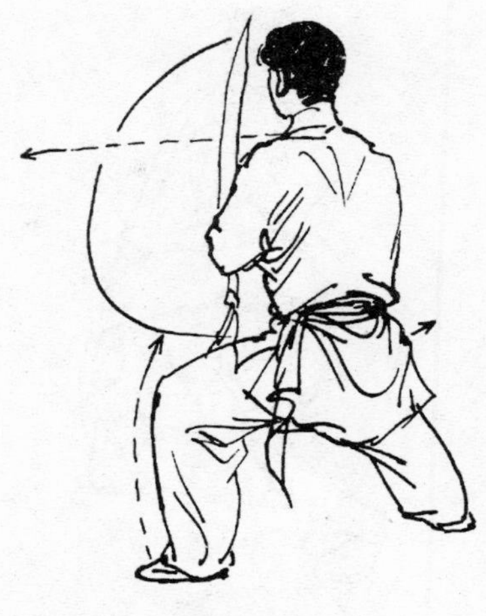

圖 41-4

第三段

（4）身體右轉，右腳經左腳向後退步，兩腿微屈；右手持刀經左肩向下繞行，左掌置於右胸前，指尖向上；目視右前方。（圖 41-4、4 反）

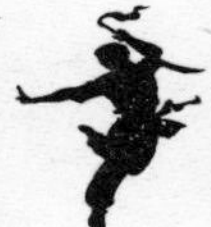

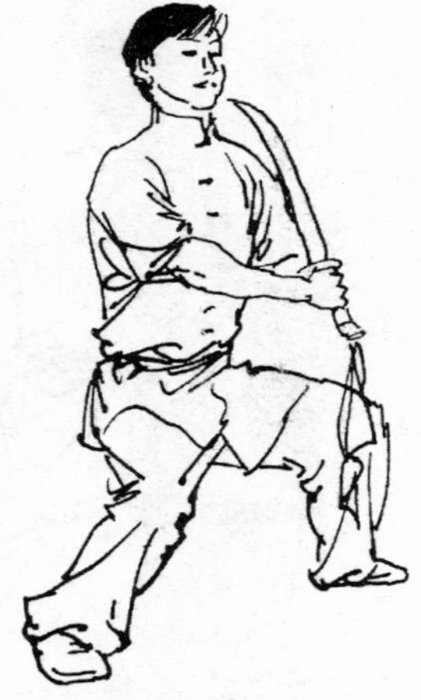

圖 41-4 反

第三段

反面圖

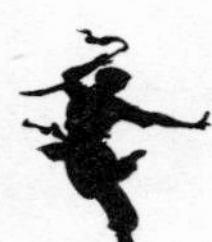

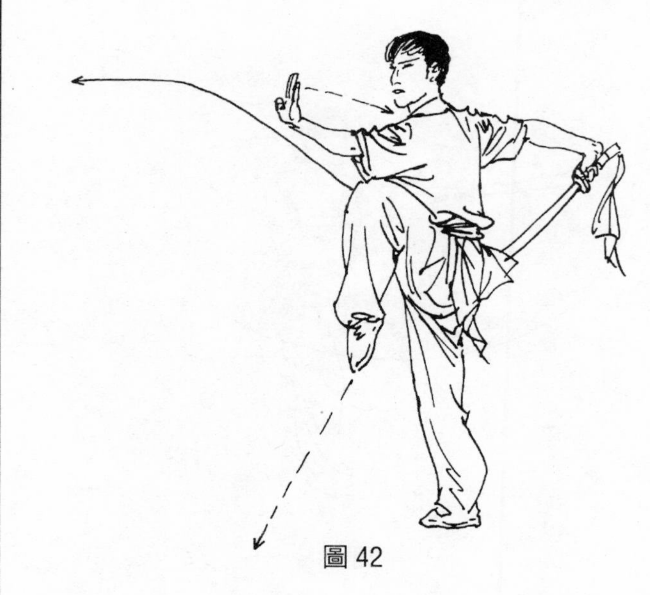

圖 42

第三段

42. 提膝藏刀

右腿伸直獨立支撐，左腿屈膝向上抬起，小腿內扣，腳面繃平；右手持刀向下、向右後擺動，刀身貼靠右腿外側，左掌經胸前向左推出，指尖向上；頭向左轉，目視左前方。（圖42）

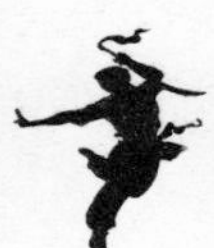

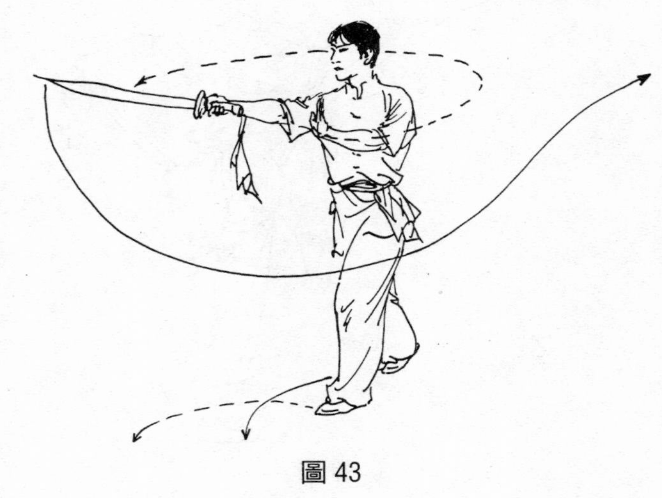

圖 43

第四段

43. 上步扎刀

左腳向左前方落步，重心移至左腳，右腳跟抬起；右手持刀經右腰側向前立刀扎出，與肩同高，左掌屈肘收至右上臂內側；目視刀尖前方。（圖 43）

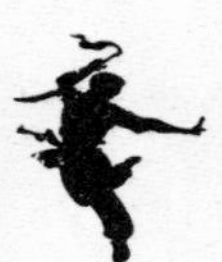

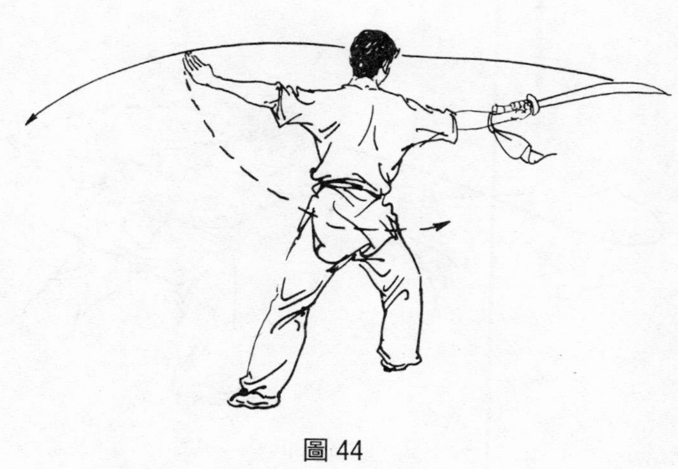

圖 44

第四段

44. 回身分手扎刀

左腳蹬地跳起，右腳向左腳前方落步，腳尖內扣，上體左後轉，左腳向後落步，右手持刀隨體轉經右腰側向前立刀扎出，左掌隨體轉向左後平擺；目視刀尖前方。（圖 44）

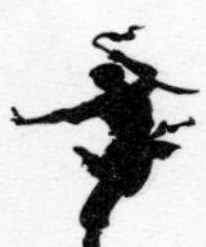

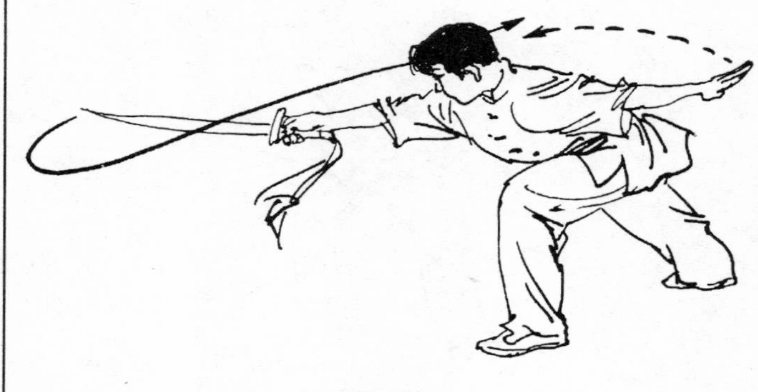

圖 45-1

第四段

45. 插步分手下扎刀

（1）上體前俯向左擰擺，右手持刀直臂向前、向左平擺，左掌隨體轉向後擺動；目視刀尖方向。（圖 45-1）

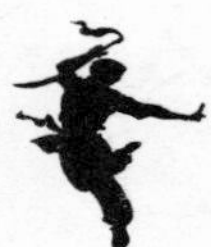

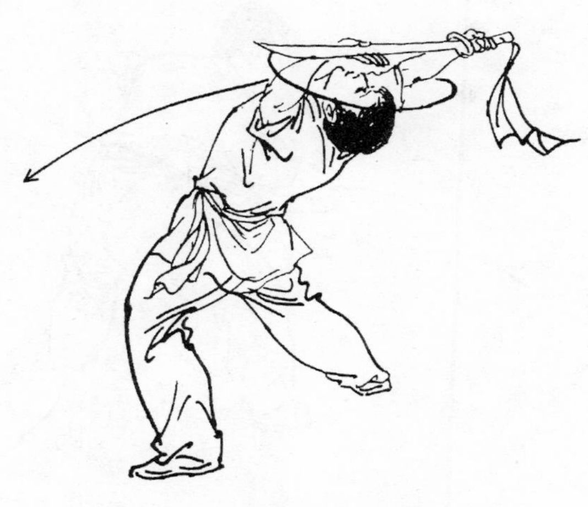

圖 45–2

第四段

（2）上體後仰，右手持刀向頭部前上方擺動，左掌貼於刀背；目視刀身。（圖 45–2）

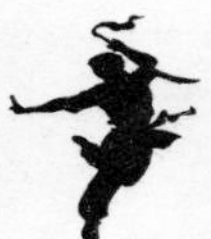

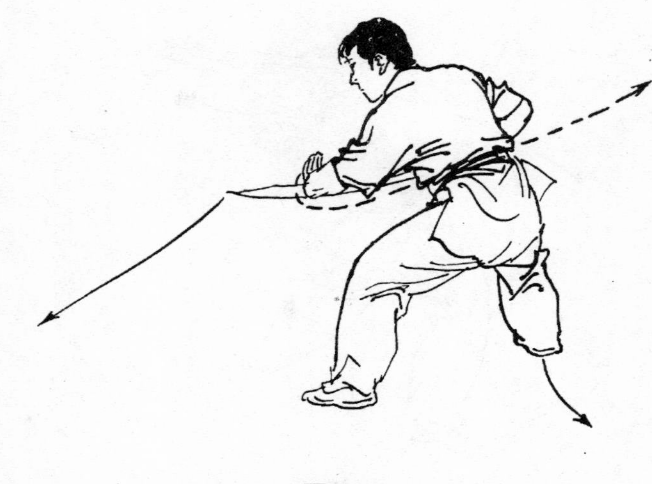

圖 45-3

第四段

（3）上體微右擰轉，右手持刀向右收至右腰側，虎口向上，刀尖向前；目視刀尖。（圖 45-3）

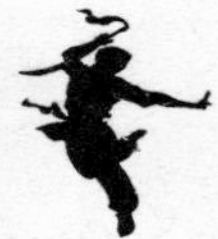

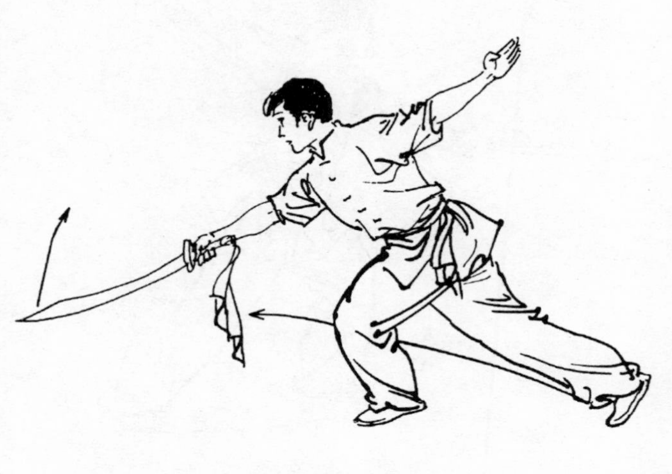

圖 45–4

第四段

（4）上體左轉，右腳向左腳後方落步，前腳掌著地，左腿屈膝，右腿伸直；右手持刀向左前下方立刀扎出，左掌向左後方平擺；目視刀尖。（圖 45–4）

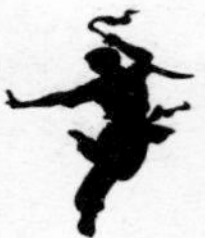

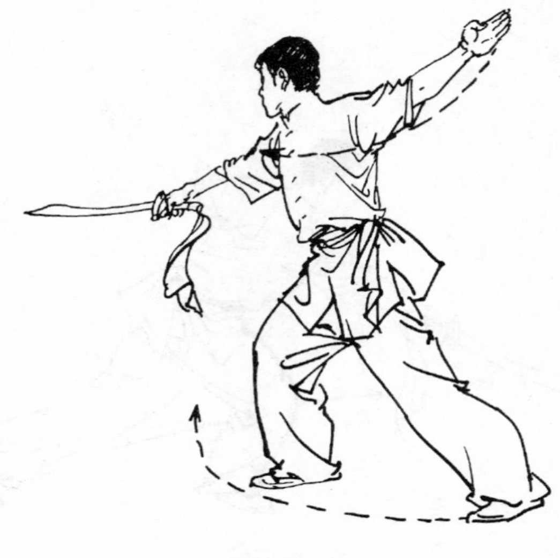

圖 46-1

第四段

46. 轉身裹腦刀

（1）右腳向右前方上步；右手持刀上擺臂內旋使刀刃向外；目視前方。（圖 46-1）

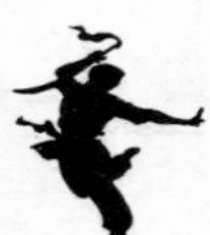

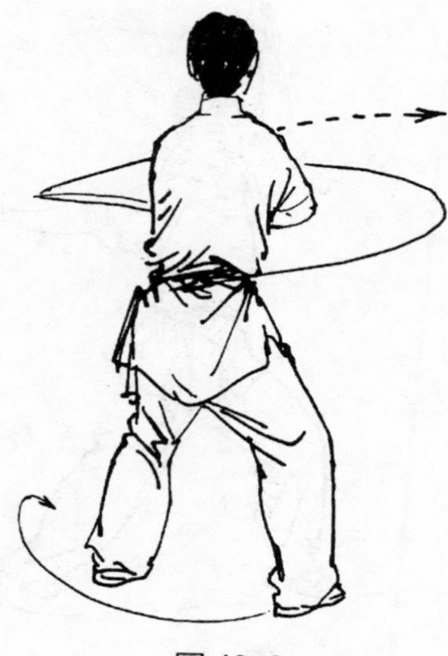

圖 46-2

第四段

（2）左腳向右前方上步，腳尖內扣；身體右轉，右手持刀隨體轉收至左腋下，左掌平擺收至右肩前。（圖 46-2）

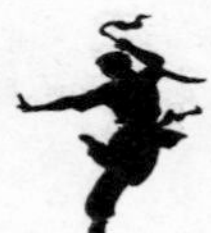

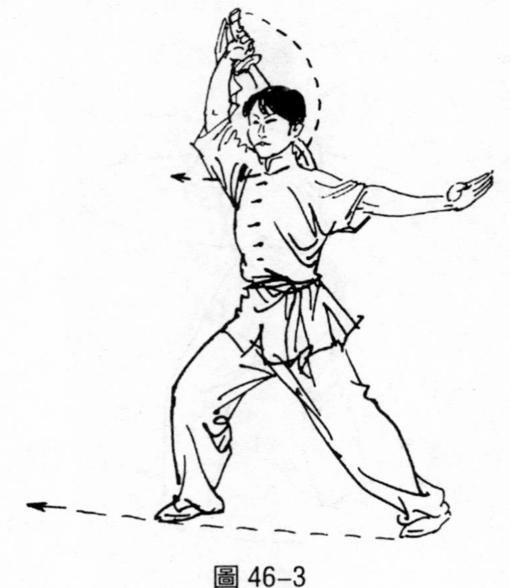

圖 46–3

第四段

（3）身體右轉，右腳向左後方退步，右手持刀隨體轉向右平擺後臂外旋上舉，左掌隨體轉平擺；目視前方。（圖 46–3）

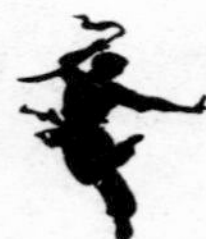

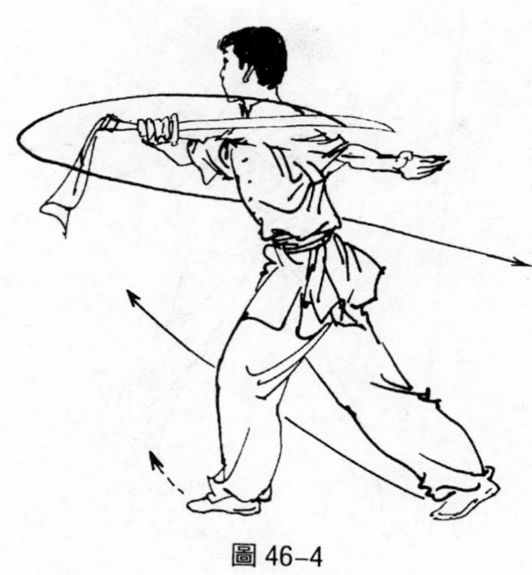

圖 46-4

第四段

（4）左腳向右前方上步，右手持刀經後背沿左肩向前繞行，刀尖向後；目視前方。（圖 46-4）

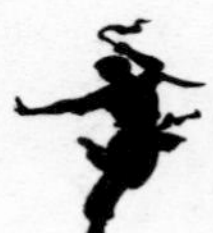

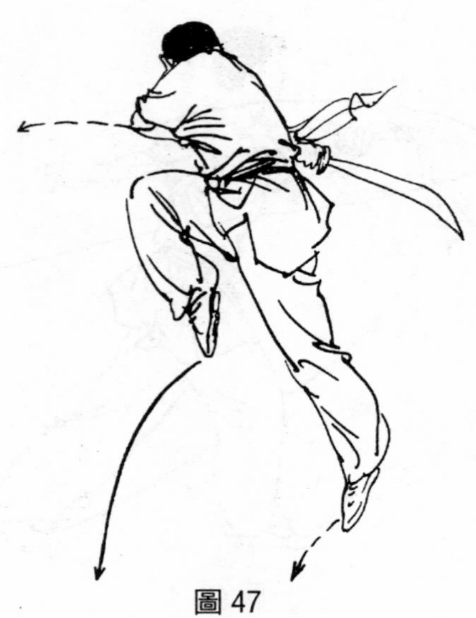

圖 47

第四段

47. 墊步下截刀

左腳蹬地跳起，左膝伸直，右腿屈膝向上抬起，小腿內收，腳面繃平；上體向右擰轉並前傾；右手持刀向前、向右後下方擺動，刀刃斜向下，左掌收至右肩前，指尖向上，頭向右轉；目視刀尖。（圖 47）

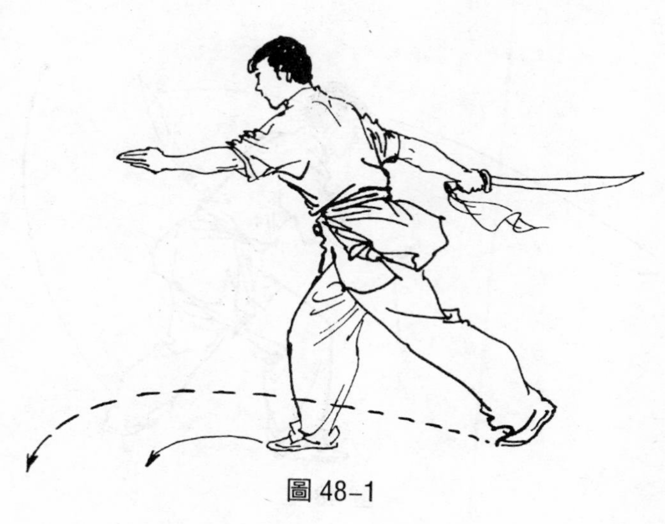

圖 48-1

48. 掃刀側空翻

（1）左腳落地，右腳向前落步，上體微左轉，左掌向前擺出。（圖 48-1）

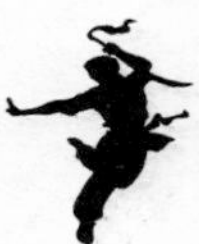

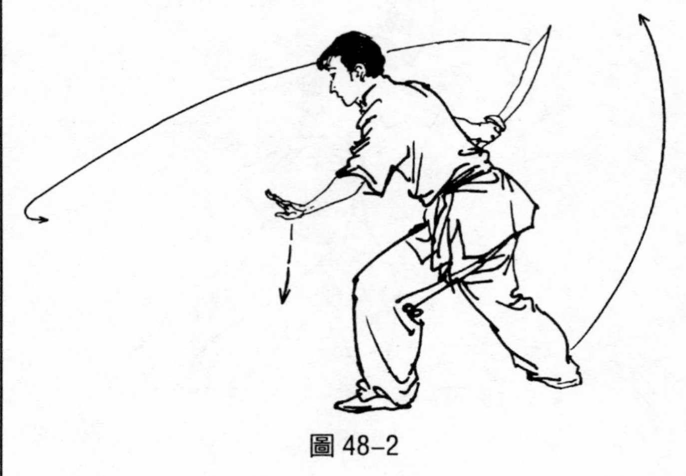

圖 48-2

第四段

（2）右腳蹬地前跳落地，左腳向前落步，兩腿微屈；右手持刀臂外旋，左掌向左擺動；目視前下方。（圖 48-2）

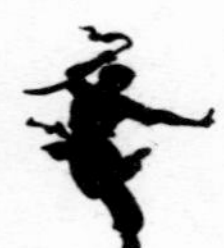

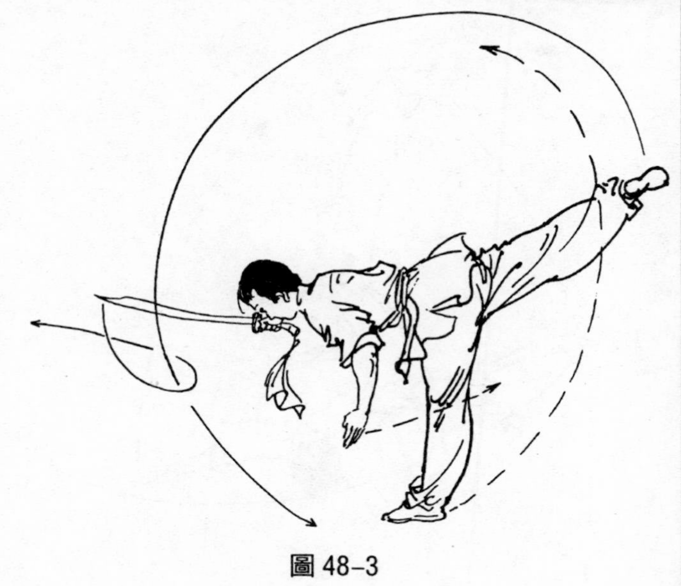

圖 48-3

第四段

（3）左腳蹬地，右腿向後上方直腿擺起，腳面繃平；上體前俯，右手持刀向右、向前平擺；目視前下方。（圖 48-3）

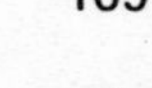

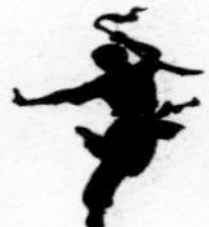

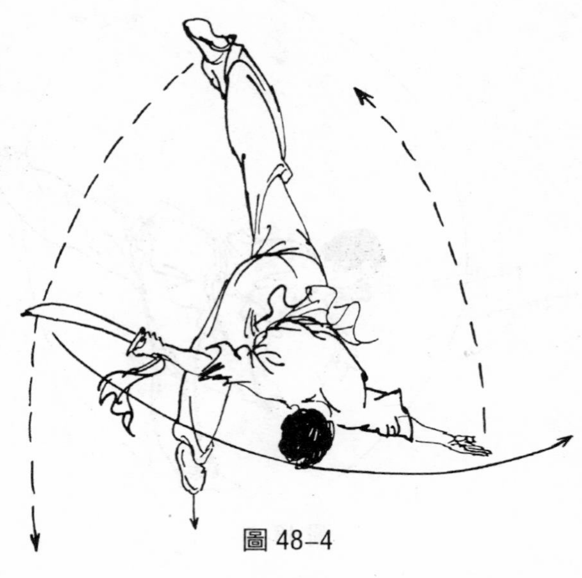

圖 48–4

第四段

（4）右腿繼續向前、向下擺動，左腿向上直腿騰空擺起；右手持刀以腕關節為軸向左、向右在身體下方平掃一周。（圖 48–4）

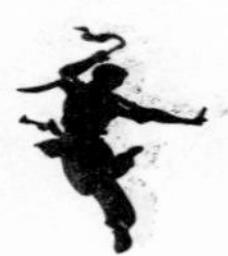

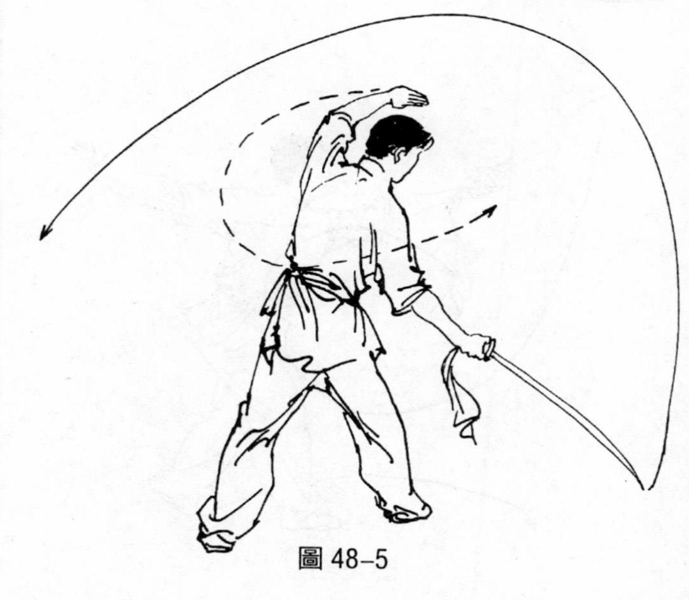

圖 48–5

第四段

（5）右腳、左腳先後落地，身體直起。（圖 48–5）

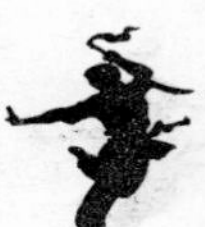

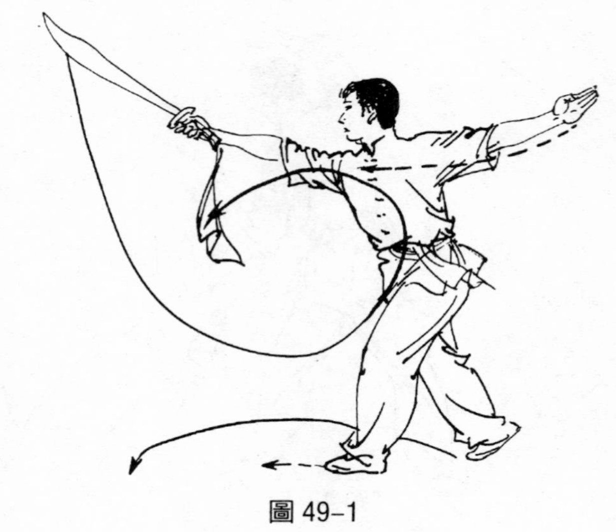

圖 49-1

第四段

49. 併步分手扎刀

（1）身體左轉，右手持刀向上、向前擺動，左臂向下、向後擺動；目視前方。（圖 49-1）

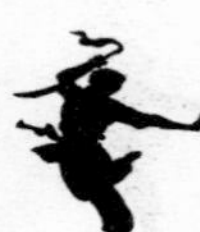

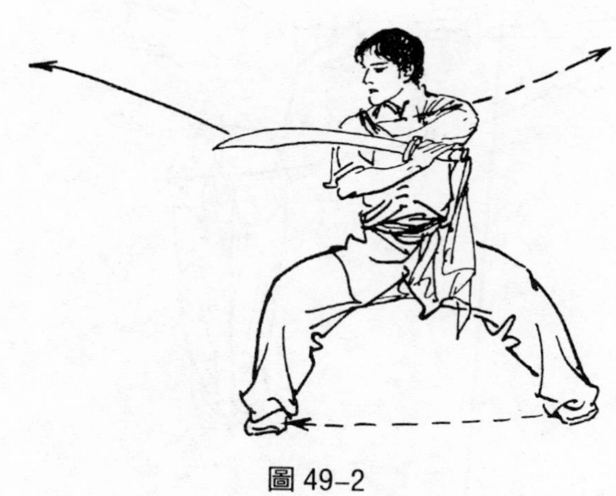

圖 49-2

第四段

（2）左腳蹬地前跳落步，右腳向前上步；身體左轉，兩腿屈膝；右手持刀以腕關節為軸向下、向左在體前立圓繞行一周，並屈肘收至胸前，刀刃向上，左掌收至右肩前；目視右前方。（圖 49-2）

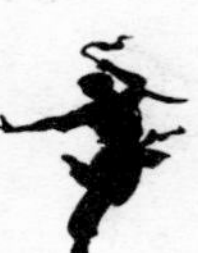

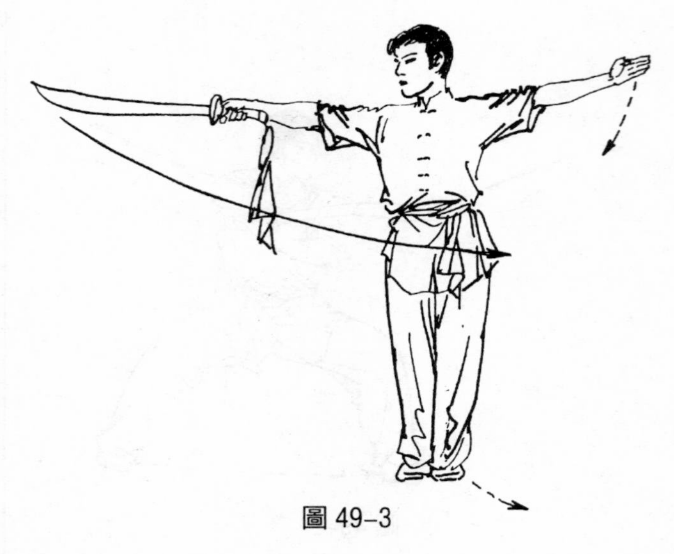

圖 49-3

第四段

（3）左腳向右腳內側併攏，兩腿伸直；右手持刀臂內旋向右立刀扎出，左掌向左伸出，虎口向上；目視右方。（圖 49-3）

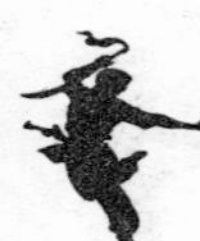

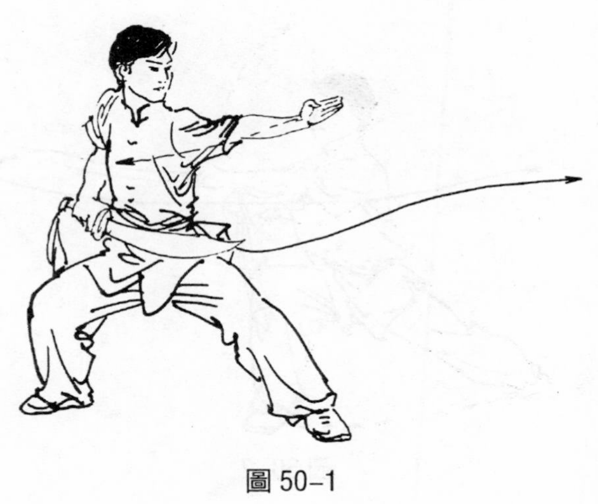

圖 50–1

第四段

50. 弓步扎刀

（1）左腳向左前上步，兩腿屈膝；右手持刀收至右腹前，左掌向前平擺；目視左前方。（圖 50–1）

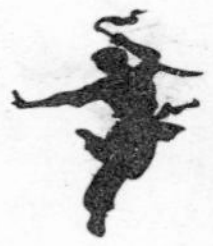

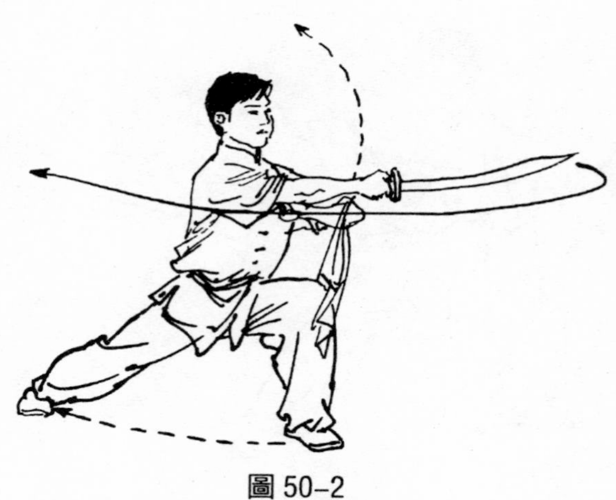

圖 50-2

第四段

（2）重心前移，左腿屈膝半蹲，右膝伸直成左弓步；右手持刀向前立刀扎出，左掌置於右臂內側；目視刀尖前方。（圖 50-2）

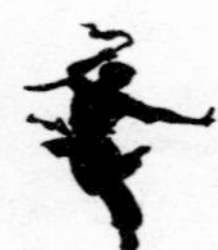

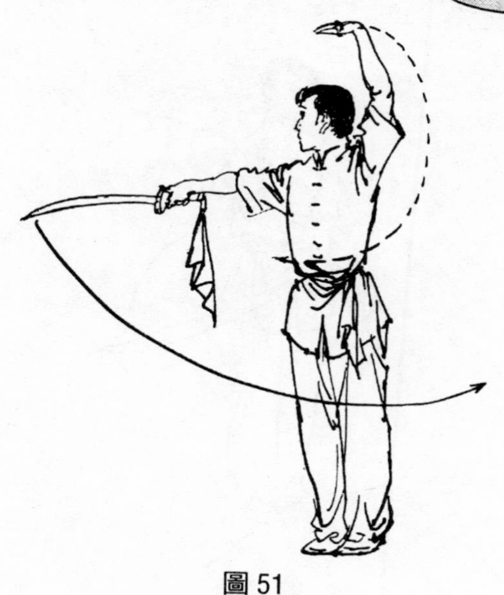

圖 51

第四段

51. 併步斬刀

身體重心移至右腿，左腳向右腿內側併攏，兩膝伸直；右手持刀向右平擺，刀刃向後，刀尖向右，左掌向左、向上擺至頭部左上方，指尖向右；頭向右轉，目視右方。（圖51）

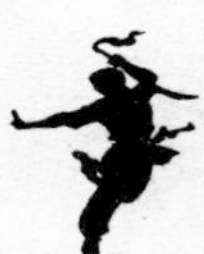

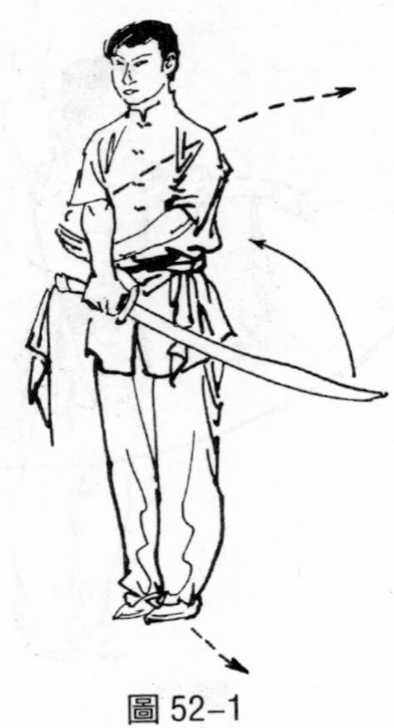

圖 52-1

第四段

52. 轉身纏頭刀

（1）右手持刀向下、向左擺動，左掌向左、向下收至腹前，兩臂成交叉狀；目視前方。（圖 52-1）

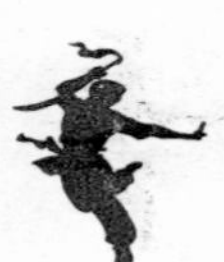

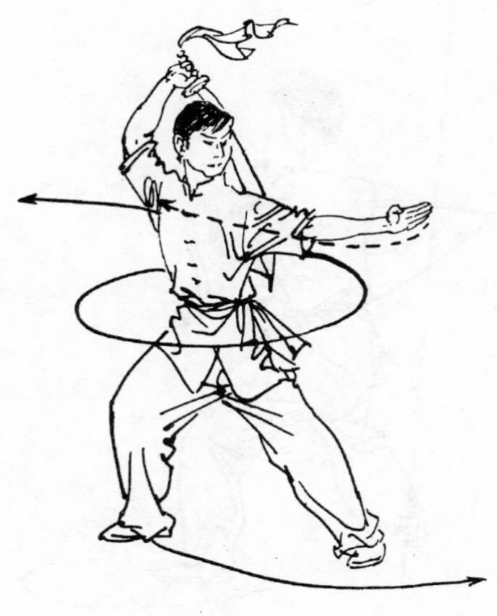

圖 52-2

第四段

（2）左腳向左前方上步；右手持刀臂內旋上舉沿左臂外側繞至身後，刀尖向下，左掌向前、向左平擺。（圖 52-2）

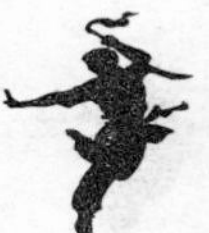

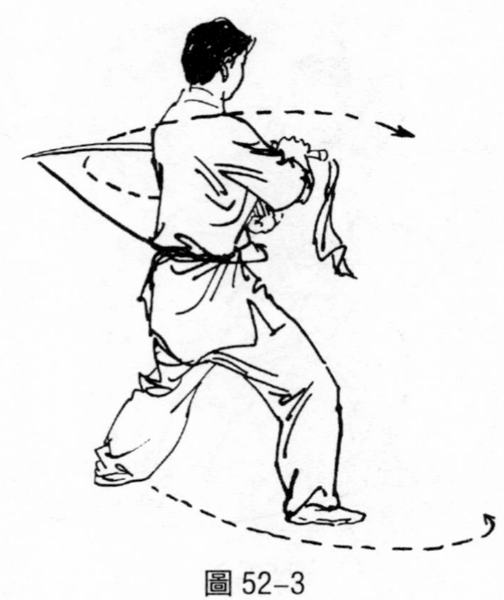

圖 52-3

第四段

（3）身體左後轉，右腳向前上步，腳尖內扣；右手持刀經右向前、向左平擺至左肩外側，手心向下，左掌收至右臂下方；目視前方。（圖 52-3）

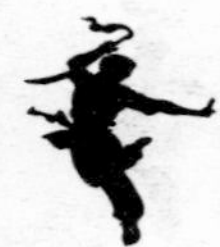

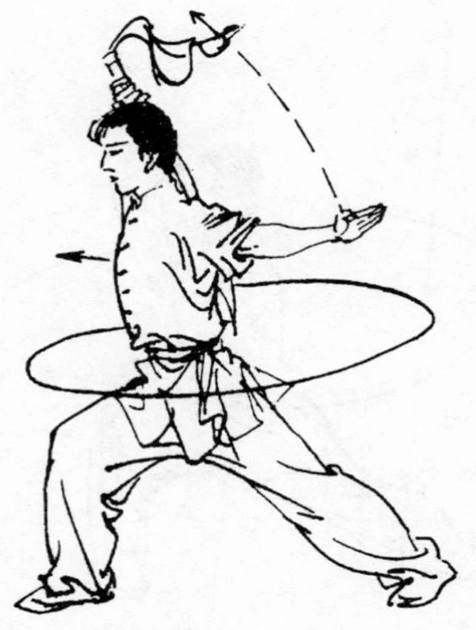

圖 52-4

第四段

（4）身體繼續左後轉，左腳向後退步，兩腿微屈；右手持刀臂內旋上舉沿左臂外側繞至身後，刀尖向下，左掌向前、向左平擺。（圖 52-4）

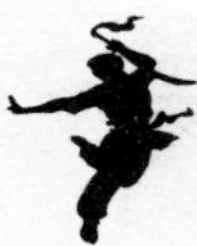

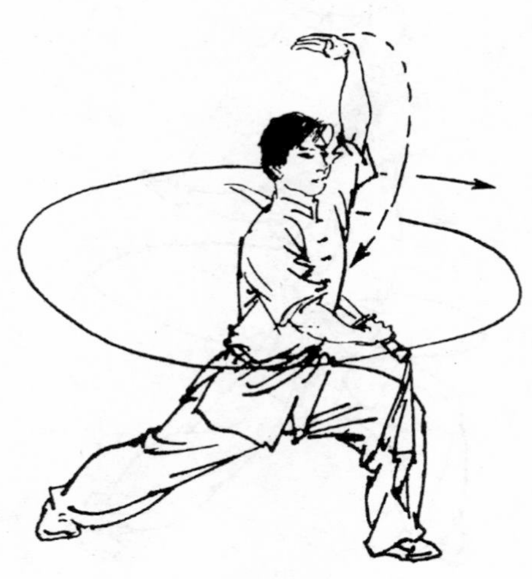

圖 52-5

第四段

(5)身體左轉,左腿屈膝,右腿伸直;右手持刀經右向前、向左後平擺至左肋側,刀刃向左,刀尖向後,左掌向左、向上擺至頭部的左上方;目視前方。(圖 52-5)

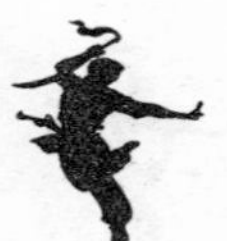

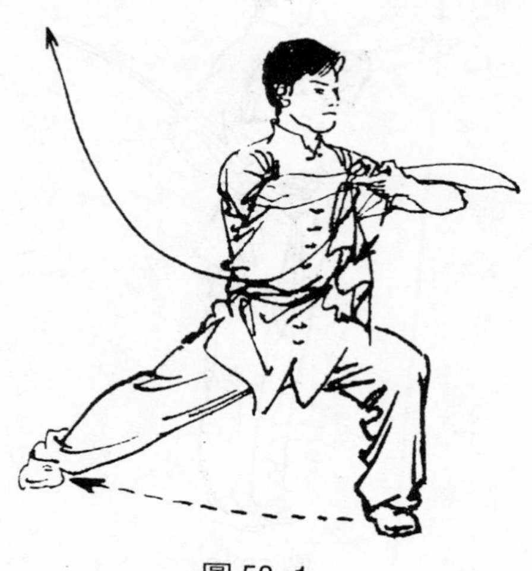

圖 53-1

第四段

53. 接刀併步亮掌

（1）兩腿動作不變；左掌向前下落至胸前，掌心向上，右手持刀向右平擺後臂外旋上舉，經頭部繞行一周後在胸前落至左掌上方；目視前方。（圖 53-1）

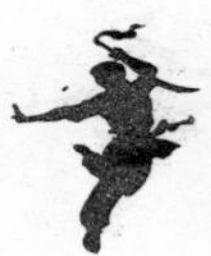

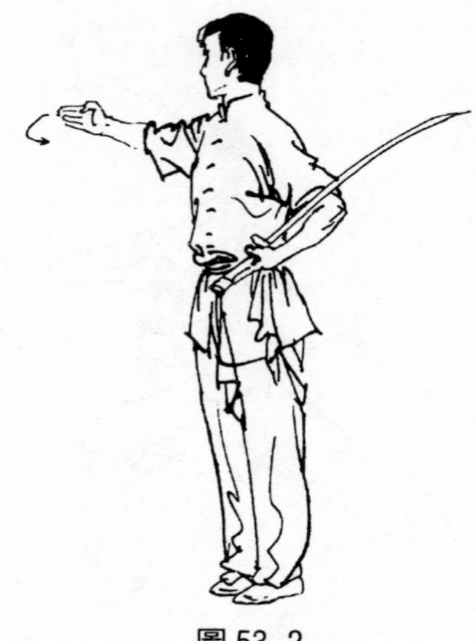

圖 53-2

（2）上體微右轉，重心移至右腿，左腳向右腳內側併攏，兩腿伸直，左手接握刀柄，屈肘收至左腰側，右掌向下、向右直臂上擺，頭向右轉；目視前方。（圖 53-2）

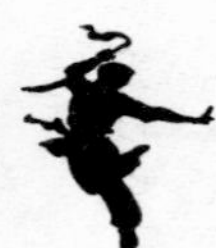

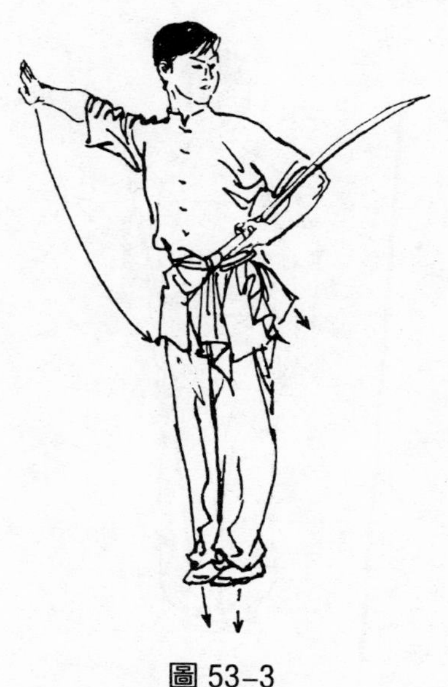

圖 53-3

第四段

（3）上體微左轉，右臂微屈，右掌內扣，指尖向前，頭向左轉；目視前方。（圖53-3）

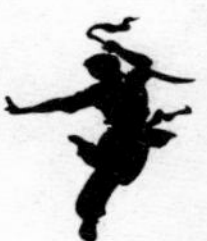

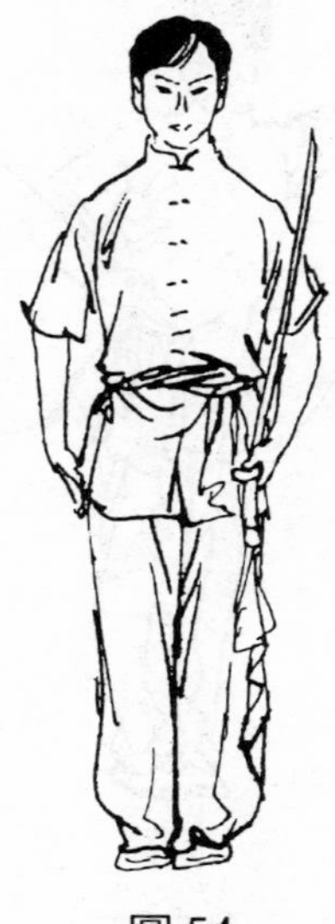

圖 54

第四段

54. 收　勢

左腳向前上步，右腳向左腳內側併攏，兩腿伸直；左手抱刀自然下垂於身體左側，刀尖向上，右掌貼於身體右側，掌心向內；目視前方（圖 54）。

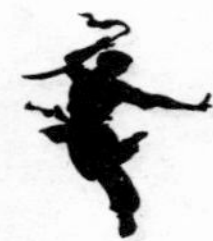

全套動作演示

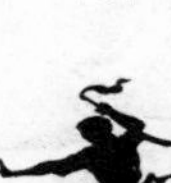

第一段

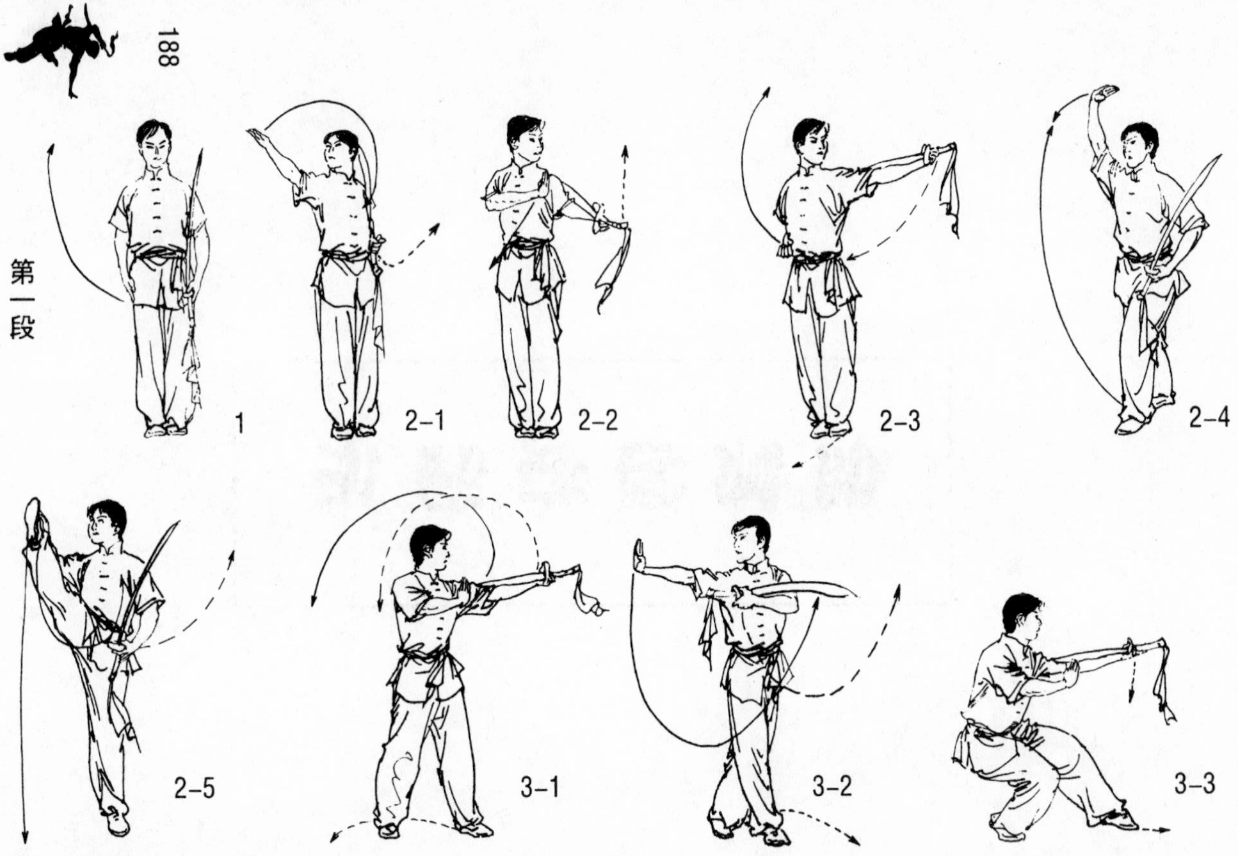

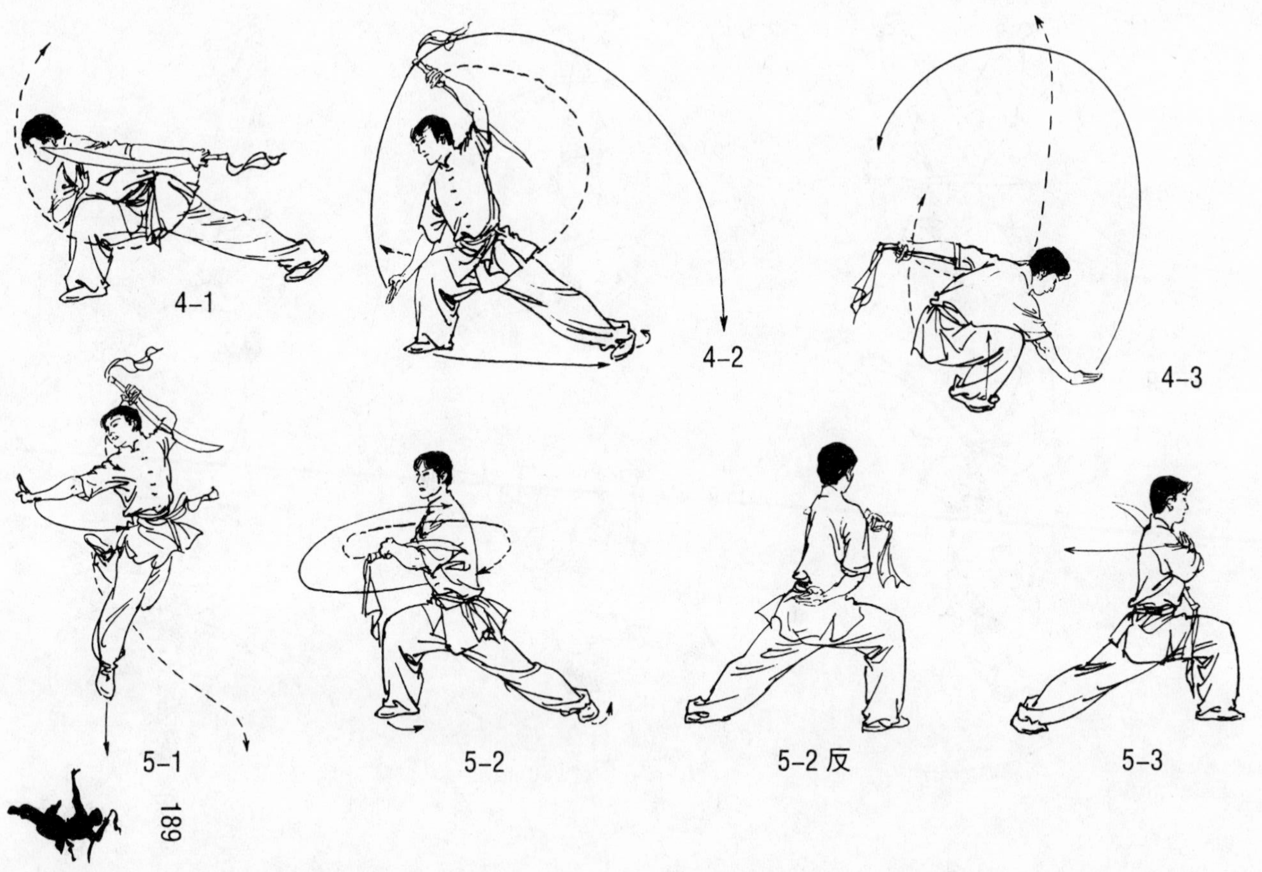
4–1
4–2
4–3
5–1
5–2
5–2 反
5–3

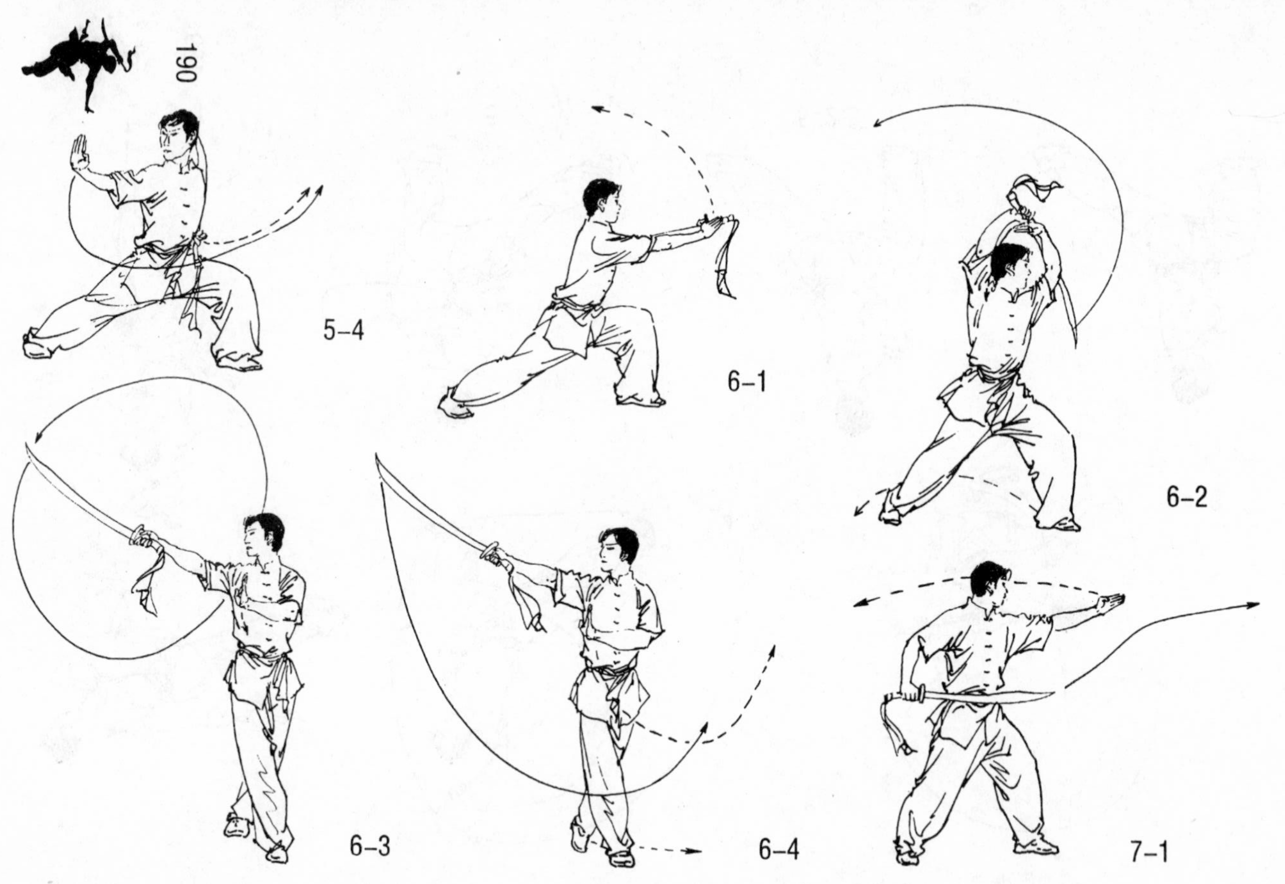
5–4
6–1
6–2
6–3
6–4
7–1

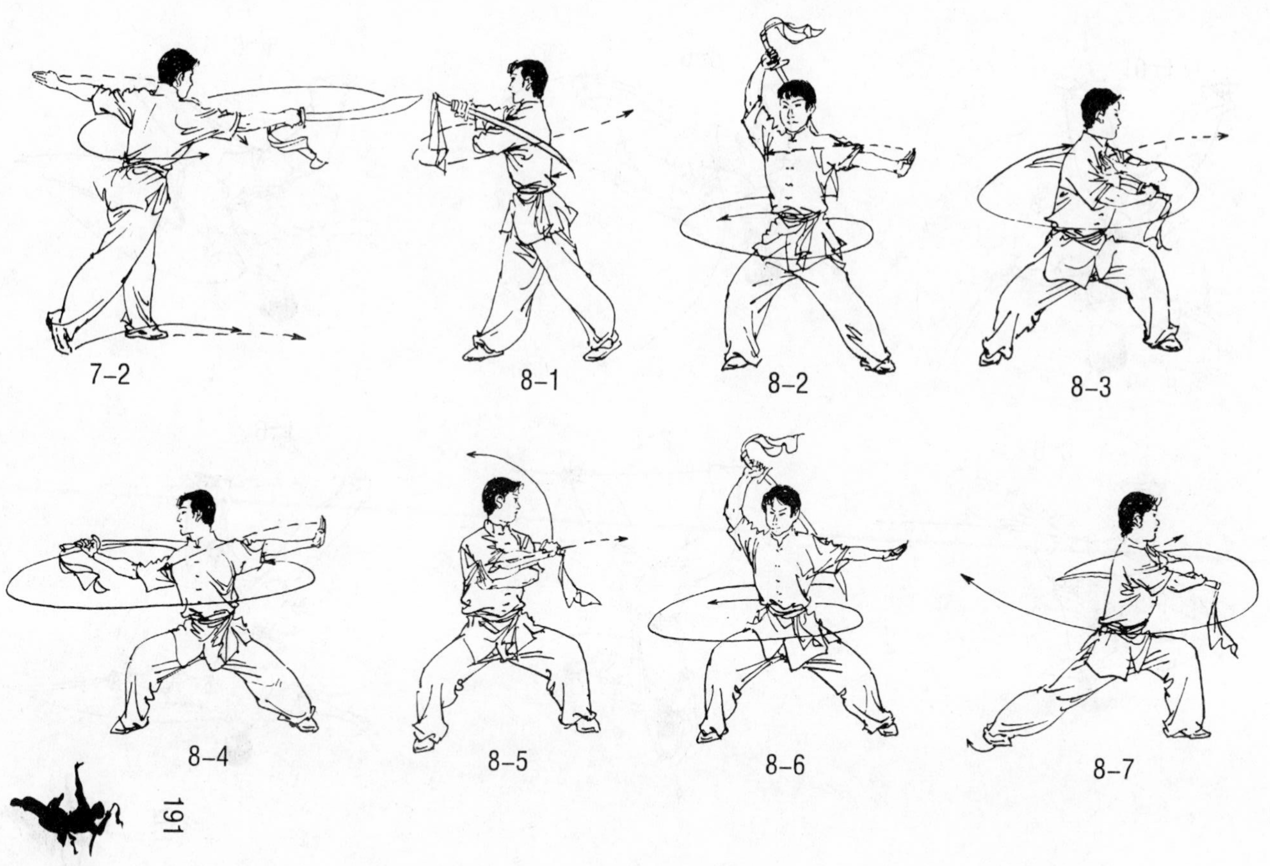
7–2
8–1
8–2
8–3
8–4
8–5
8–6
8–7

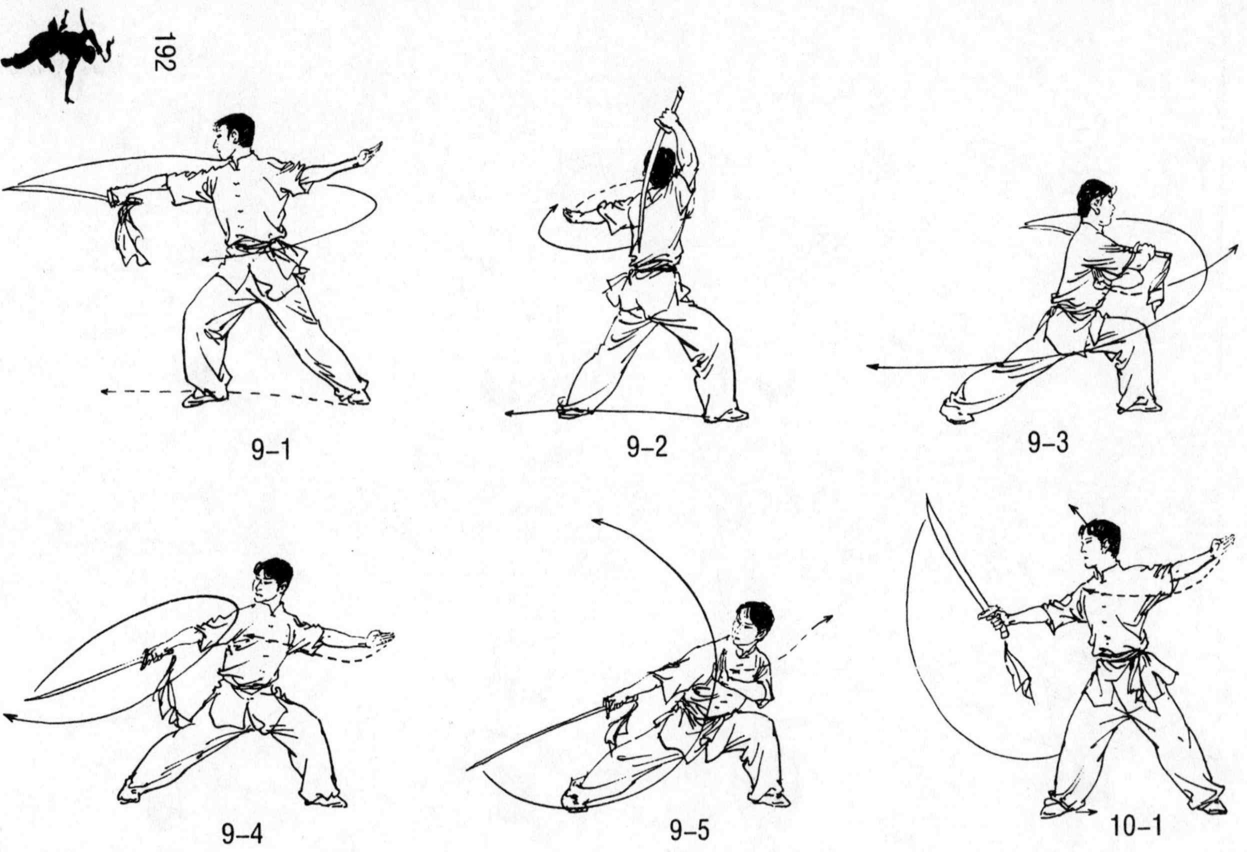
9–1
9–2
9–3
9–4
9–5
10–1

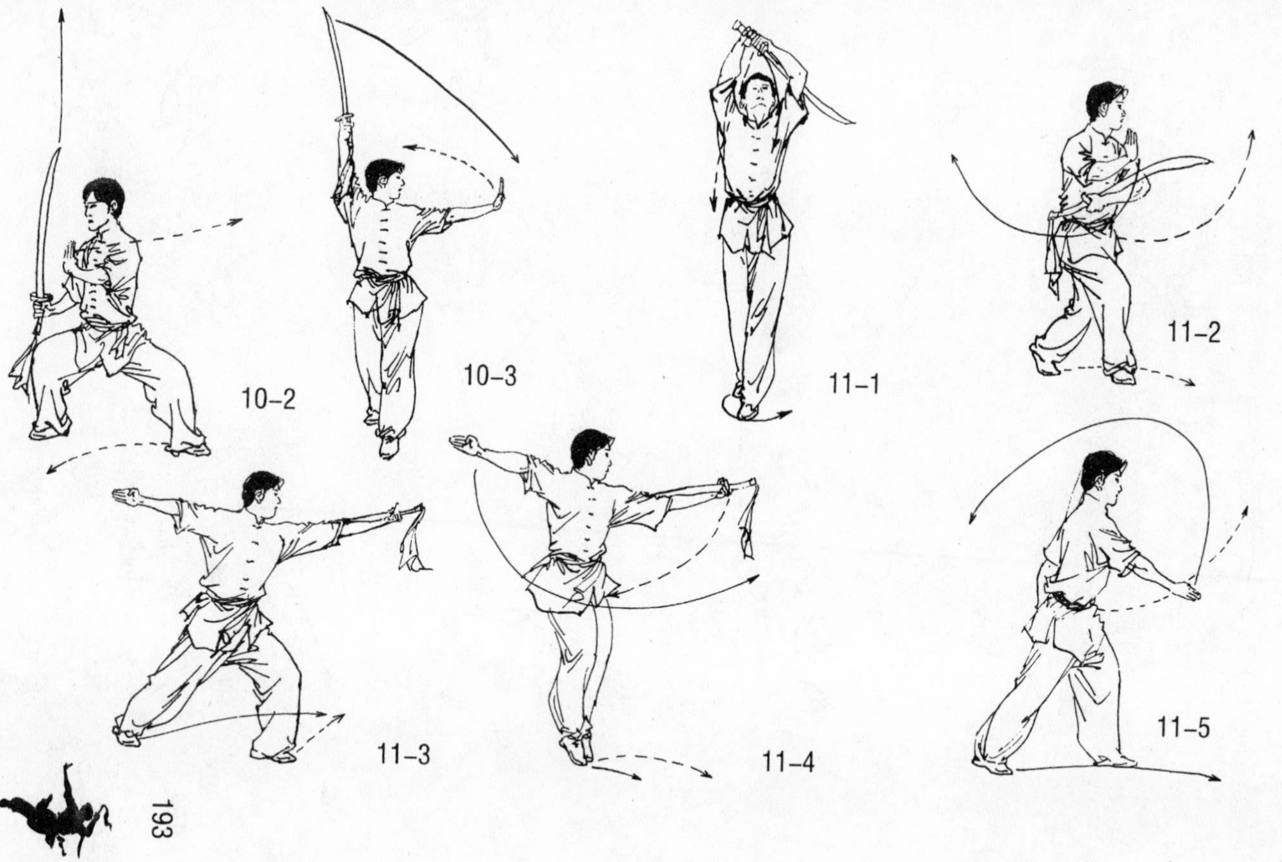
10–2
10–3
11–1
11–2
11–3
11–4
11–5

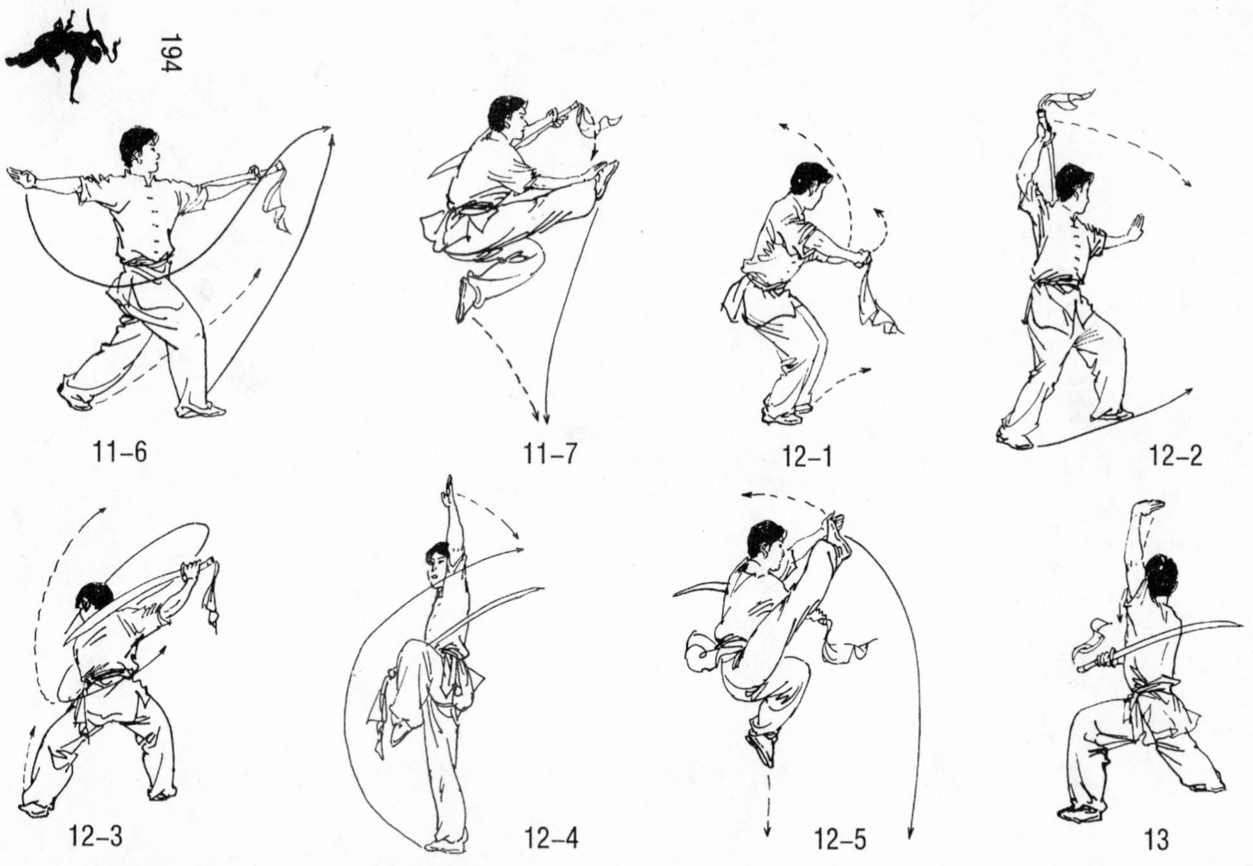
11–6
11–7
12–1
12–2
12–3
12–4
12–5
13

第二段

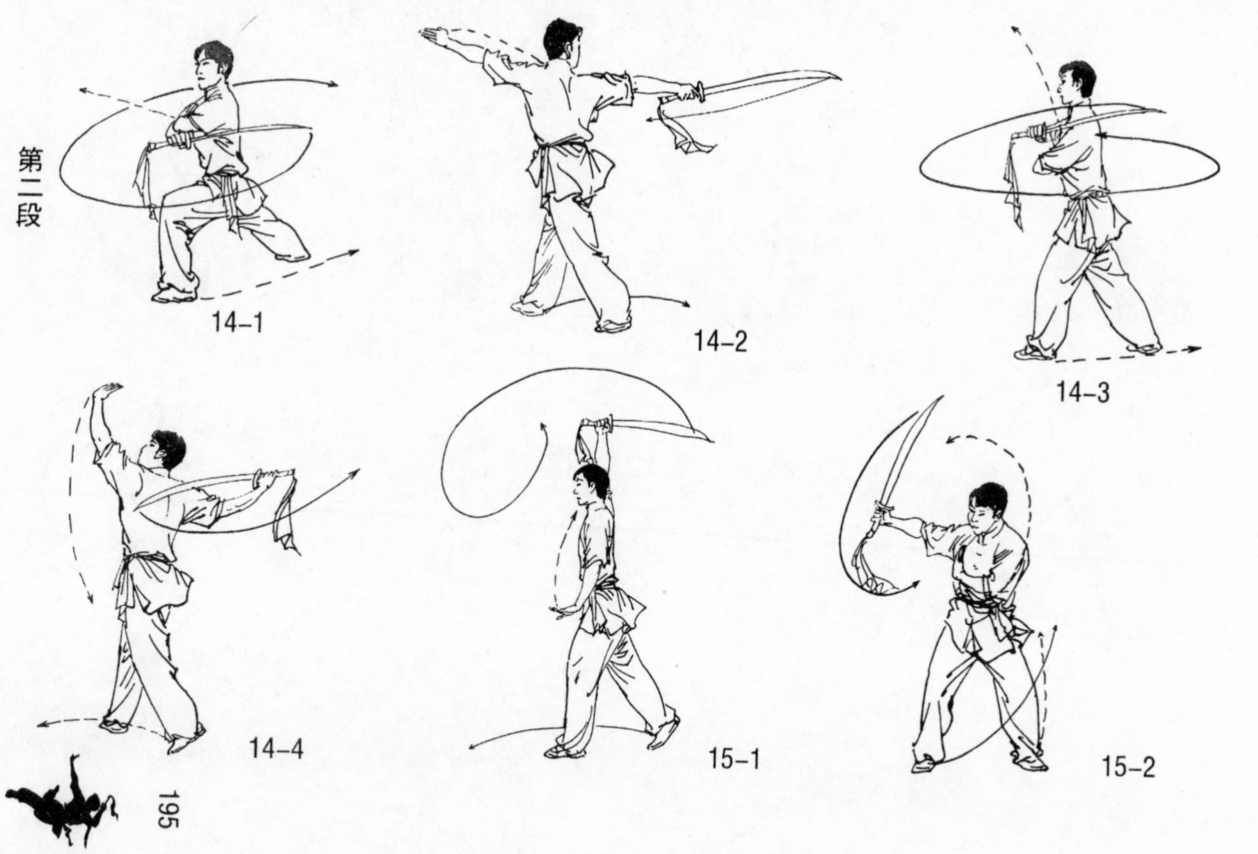

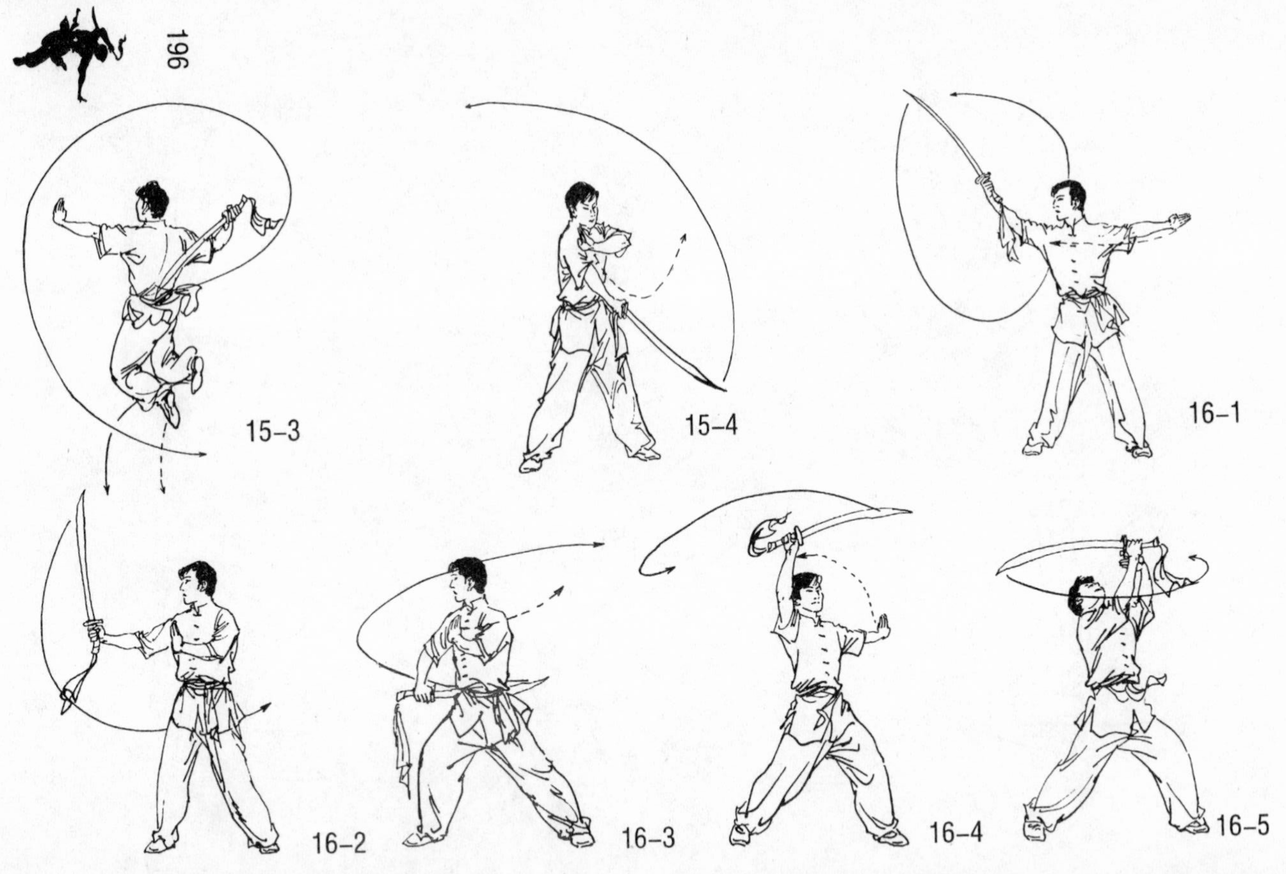

15–3 15–4 16–1

16–2 16–3 16–4 16–5

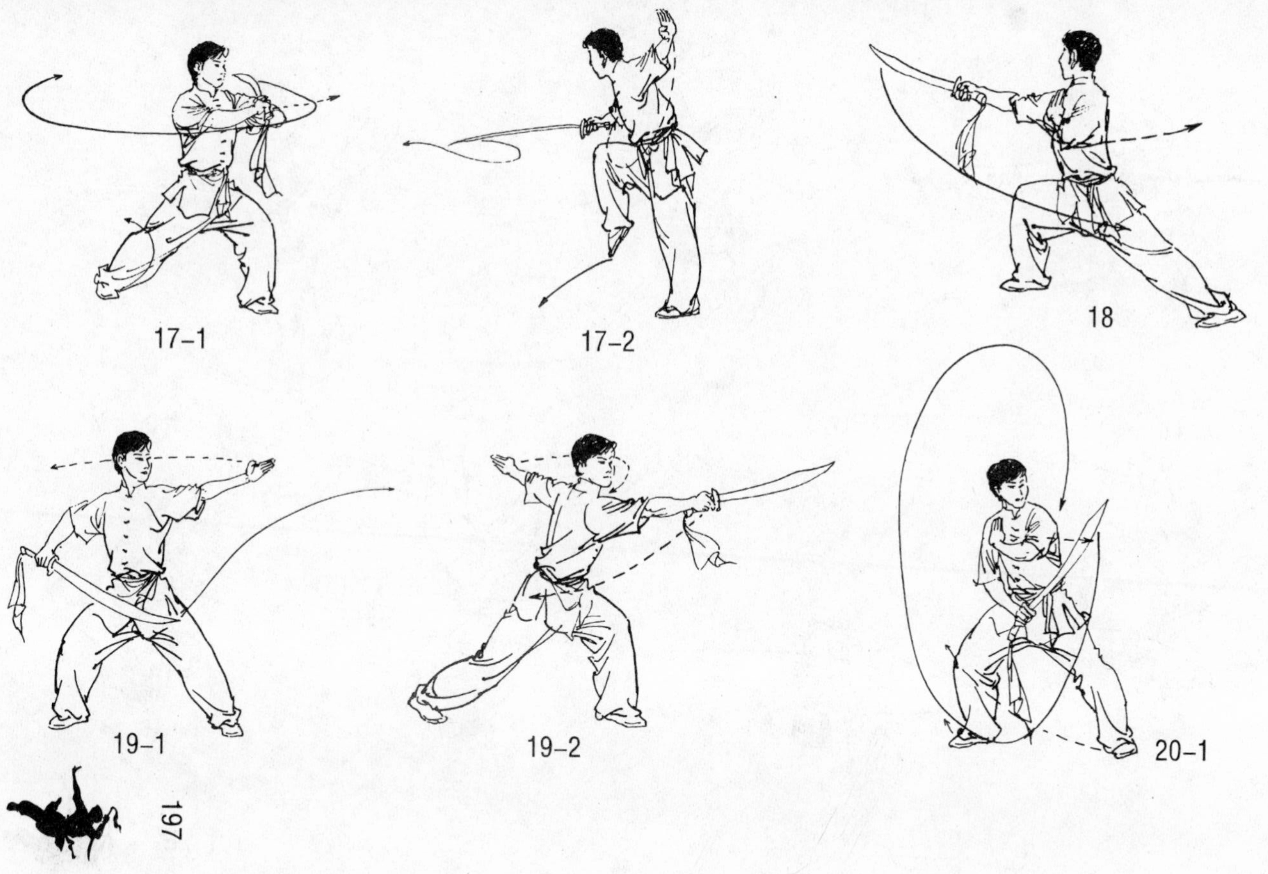
17–1
17–2
18
19–1
19–2
20–1

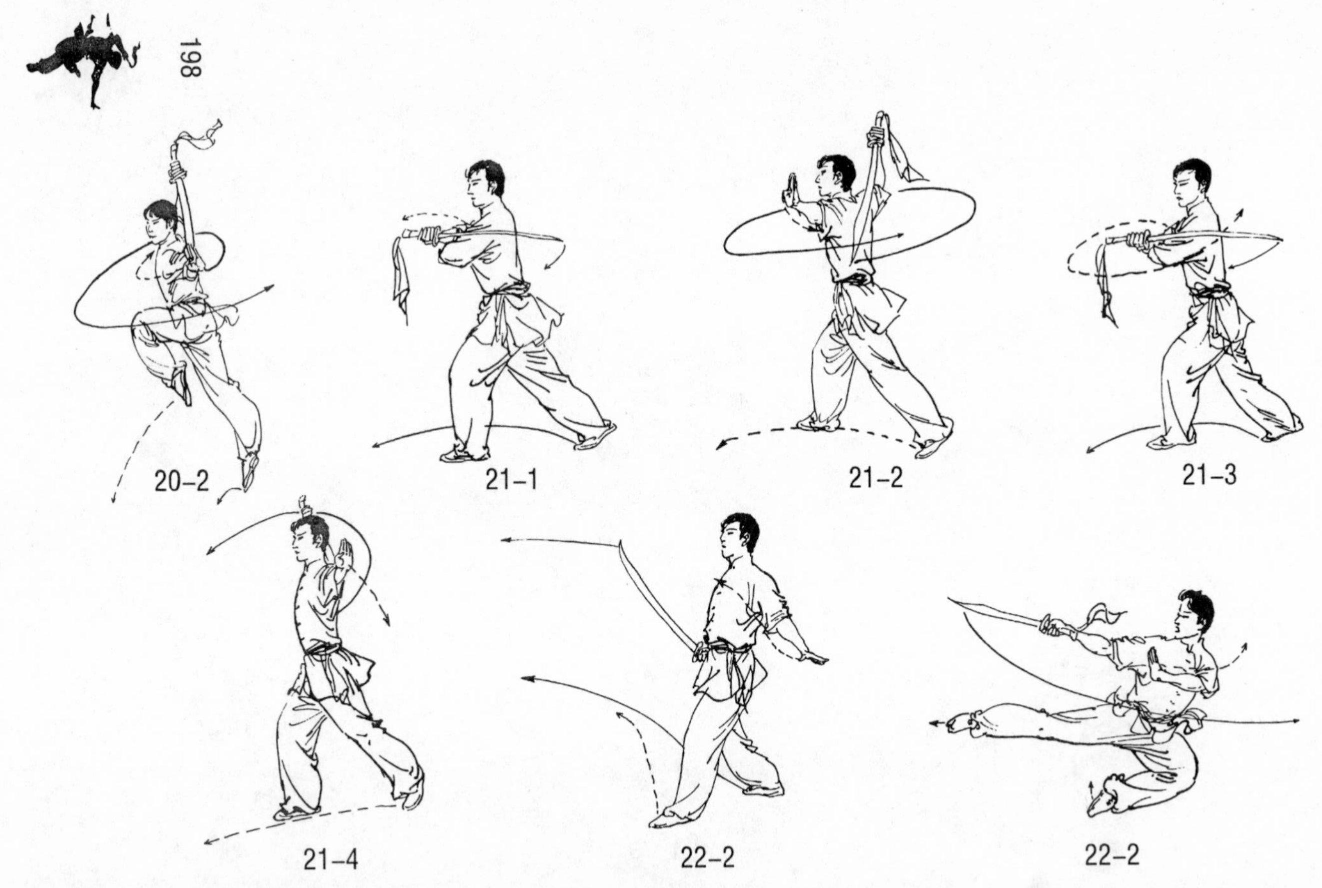

20–2 21–1 21–2 21–3

21–4 22–2 22–2

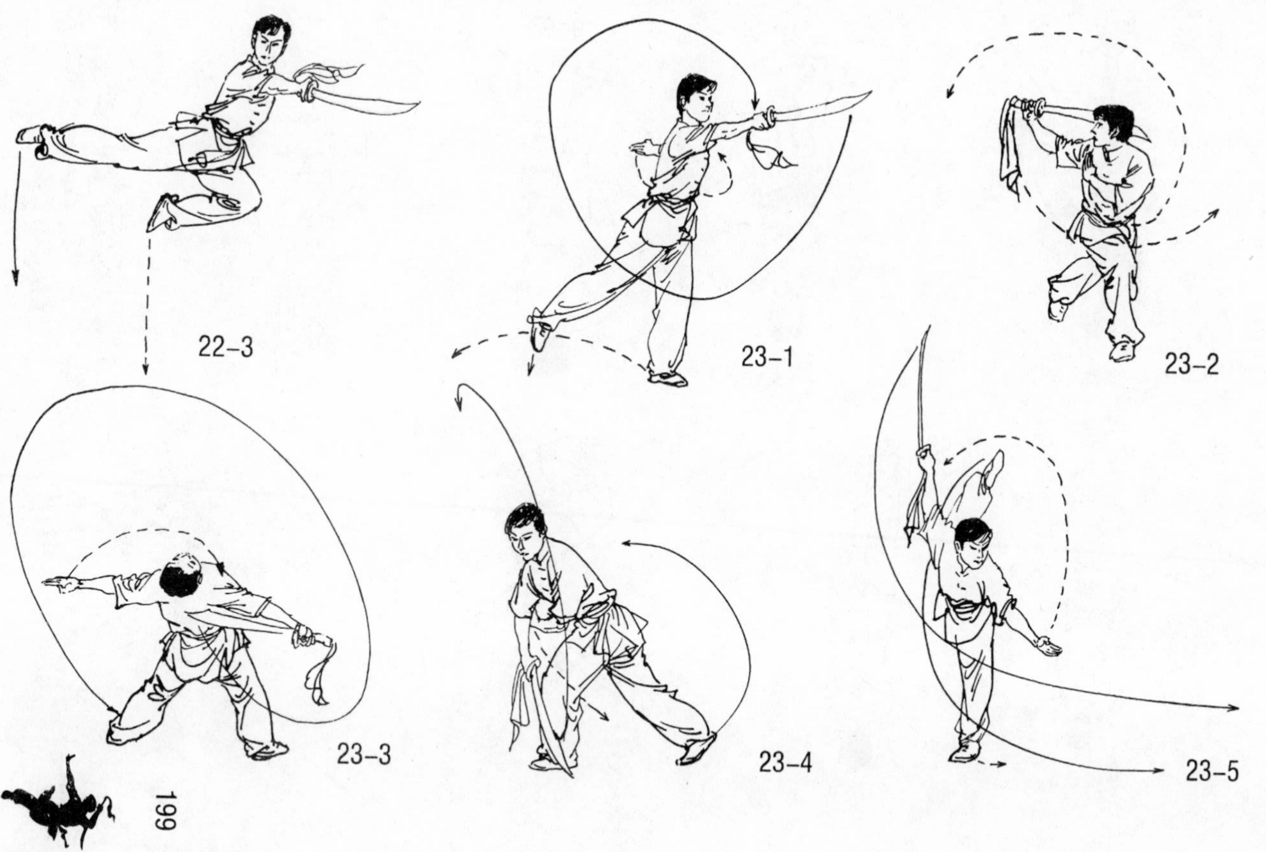
22–3
23–1
23–2
23–3
23–4
23–5

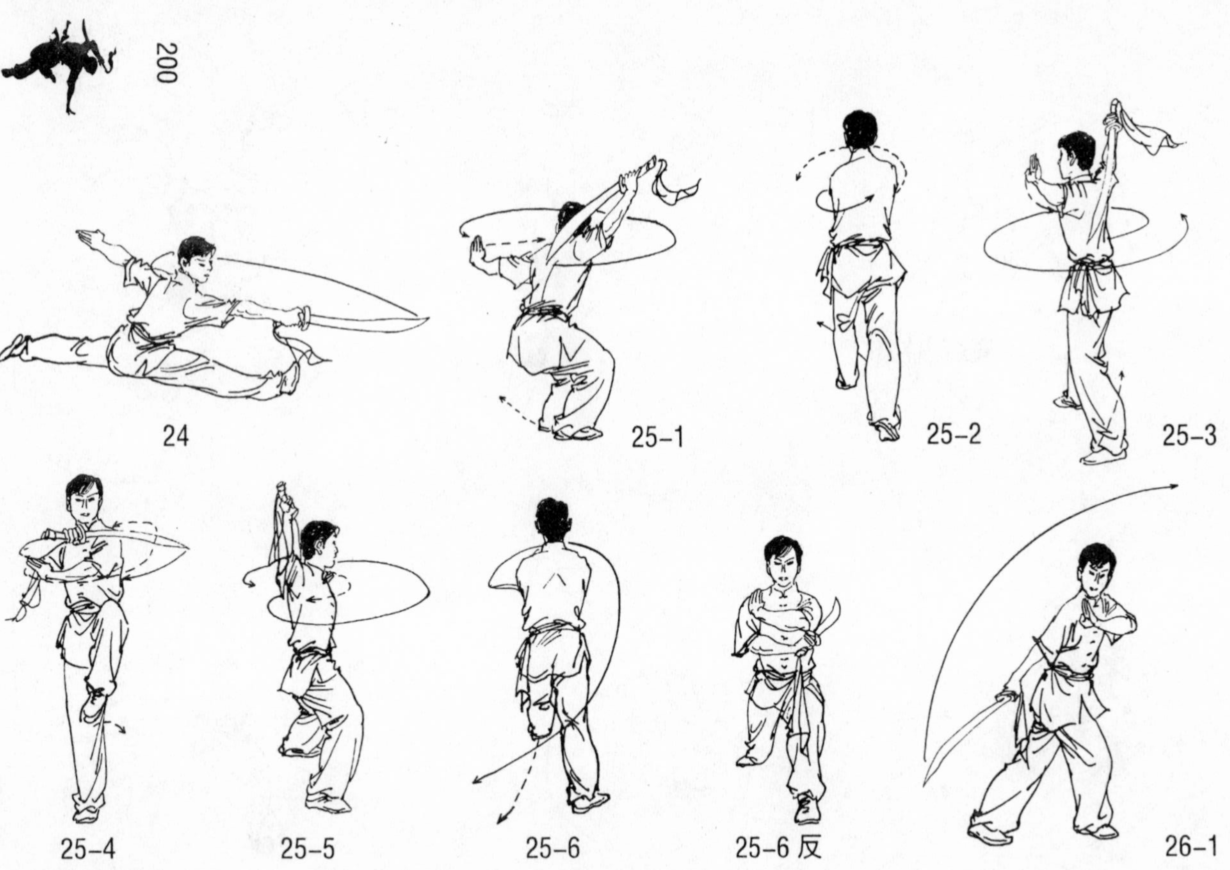

24 25–1 25–2 25–3

25–4 25–5 25–6 25–6 反 26–1

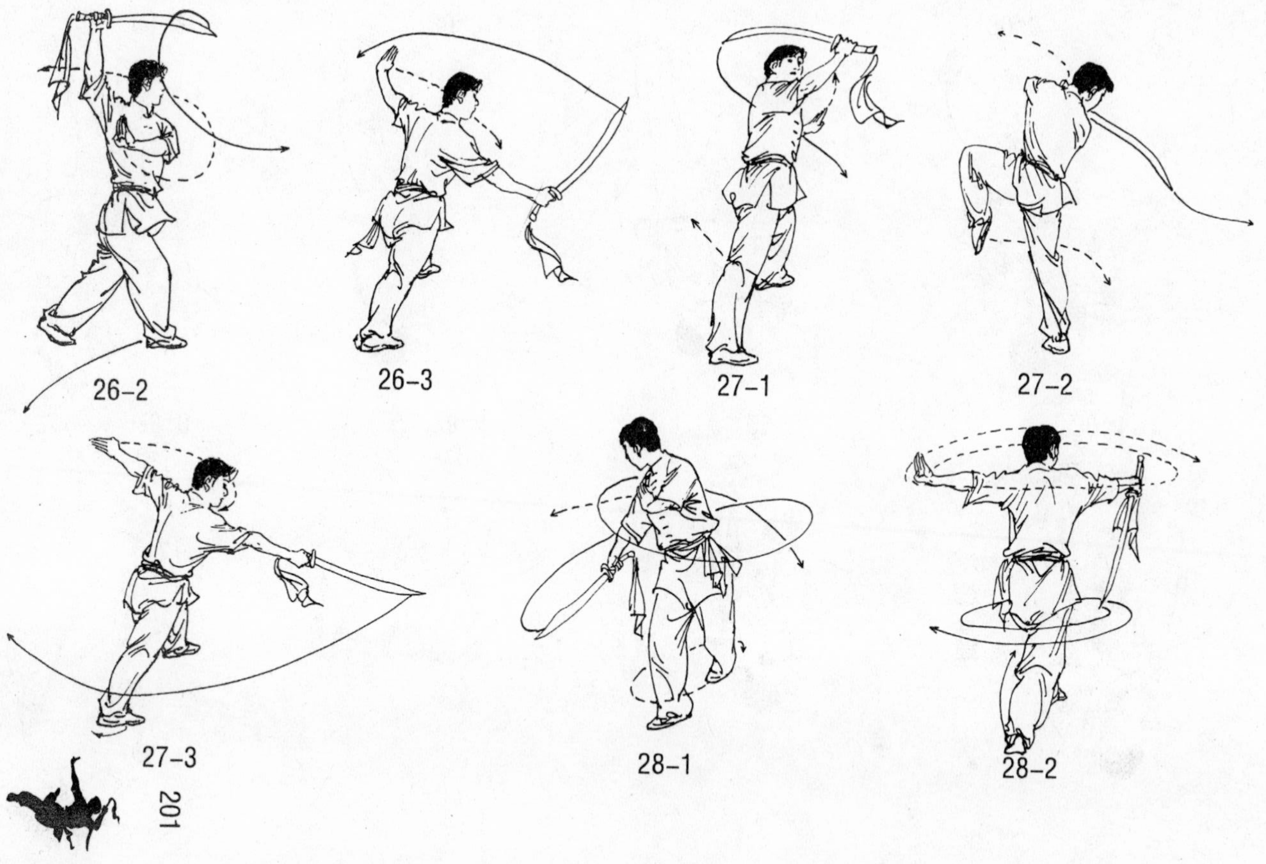

26–2 26–3 27–1 27–2

27–3 28–1 28–2

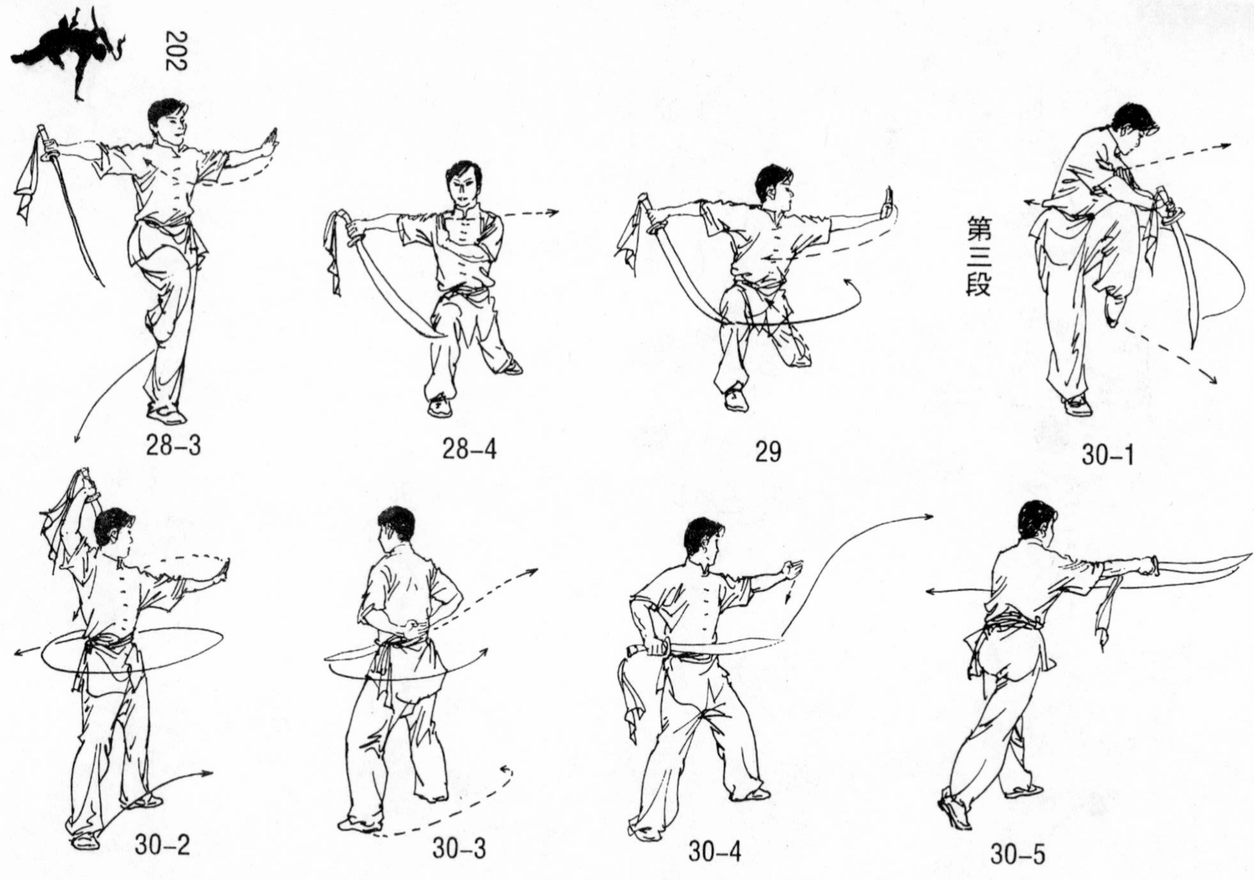
28–3
28–4
29
第三段
30–1
30–2
30–3
30–4
30–5

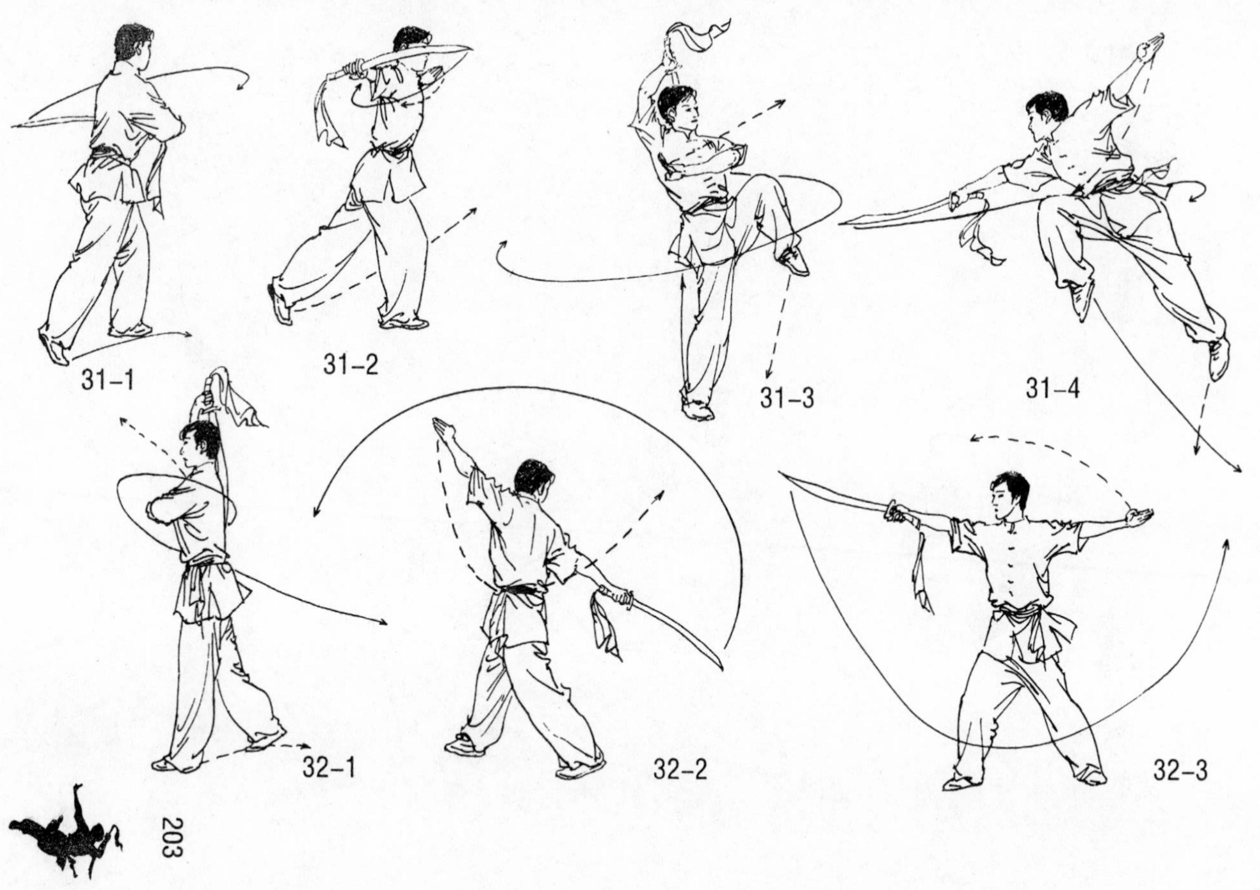
31–1
31–2
31–3
31–4
32–1
32–2
32–3

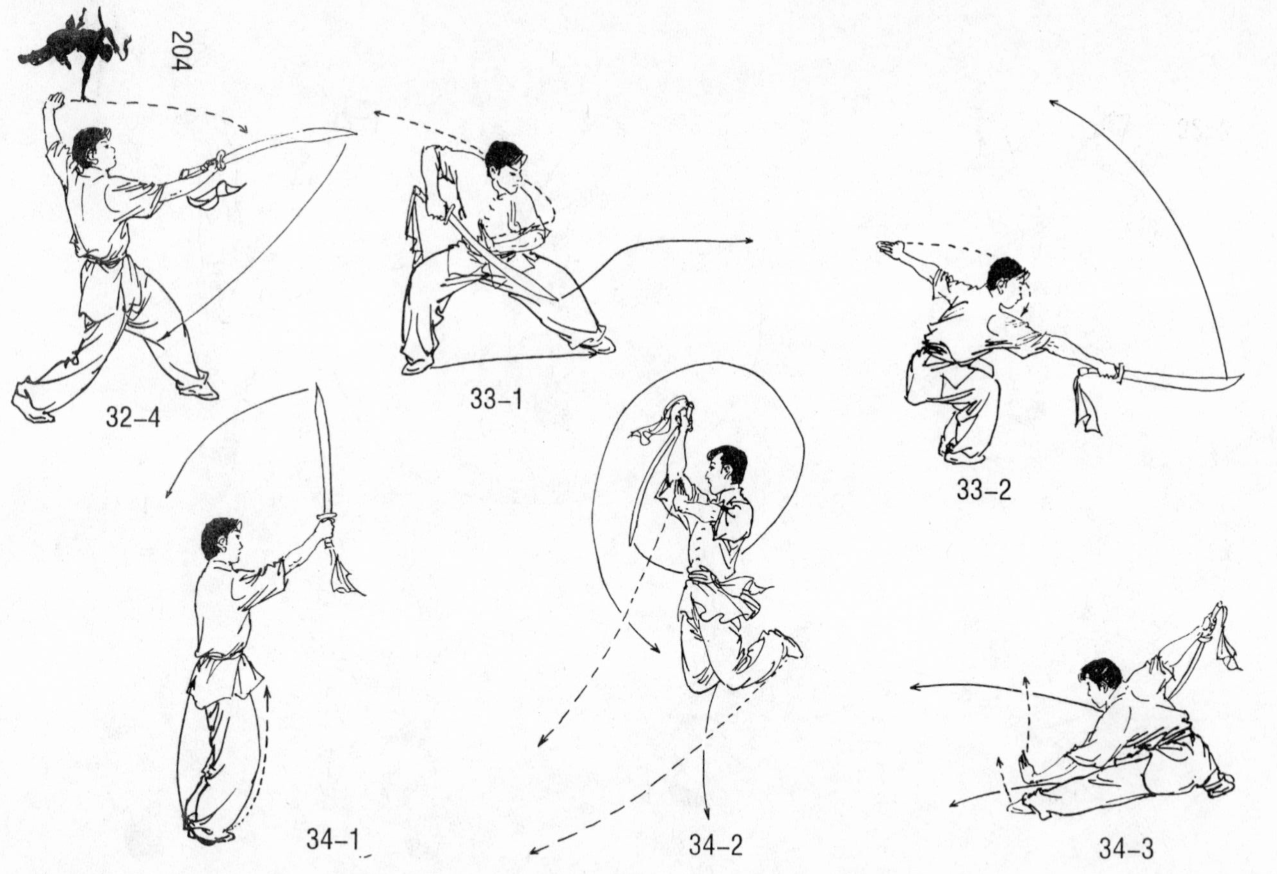

32–4 33–1 33–2

34–1 34–2 34–3

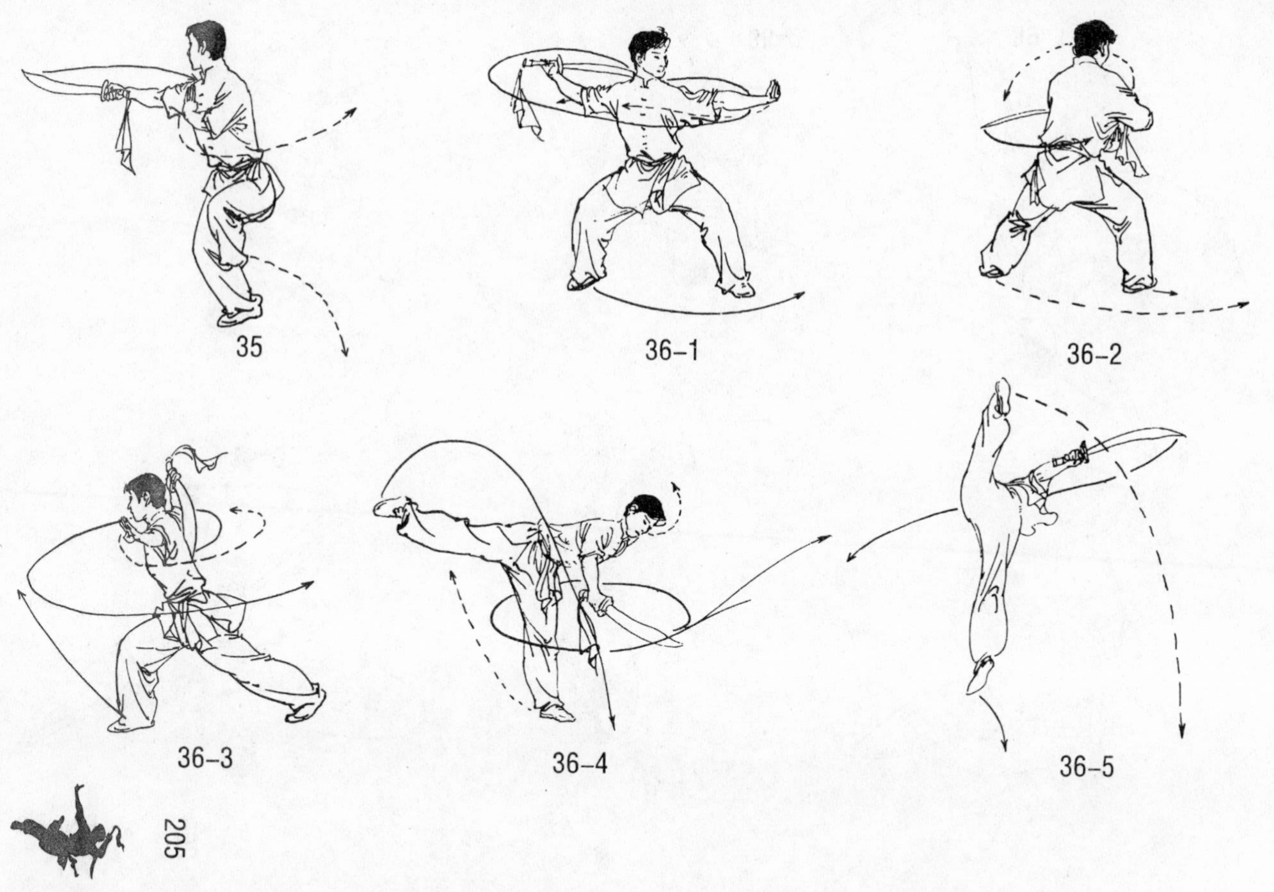

35

36–1

36–2

36–3

36–4

36–5

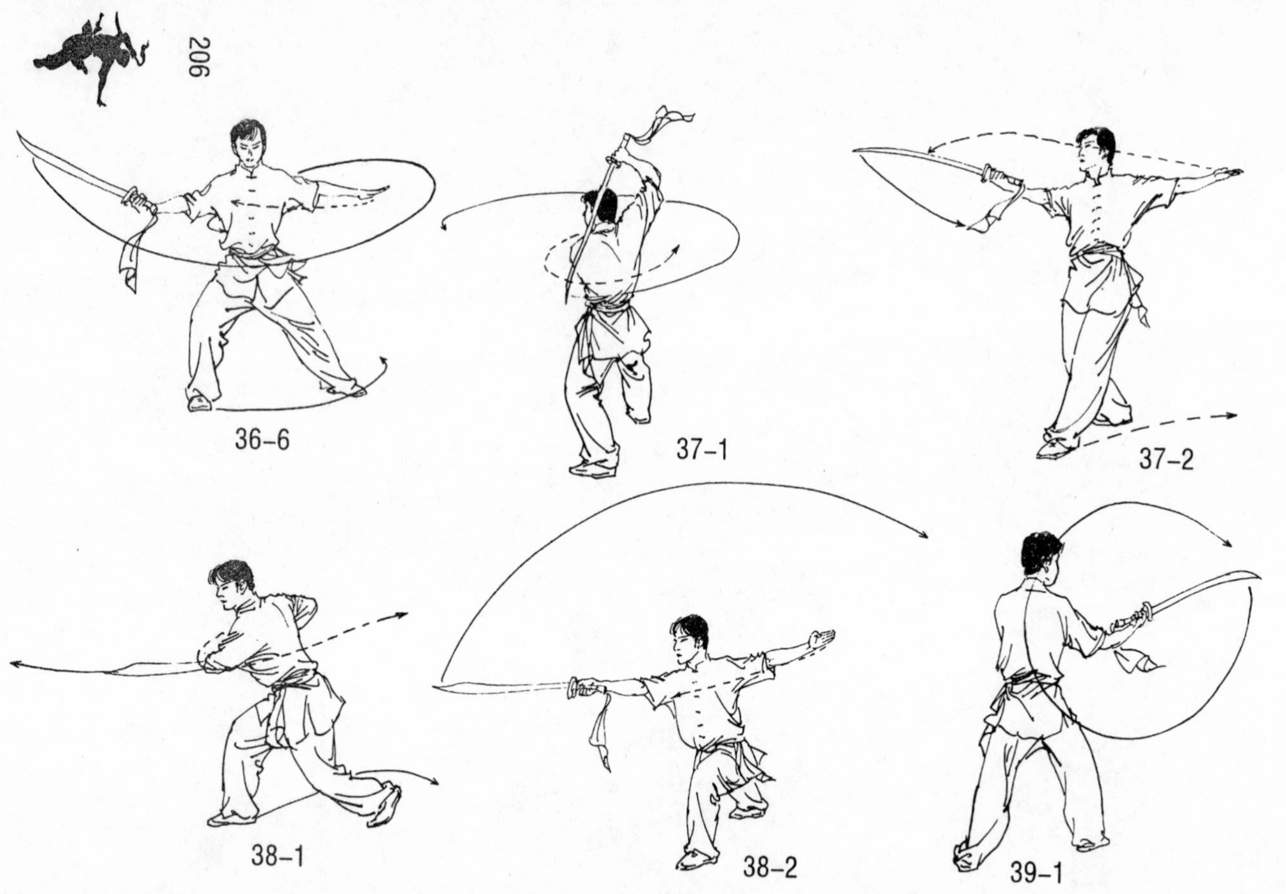

36–6

37–1

37–2

38–1

38–2

39–1

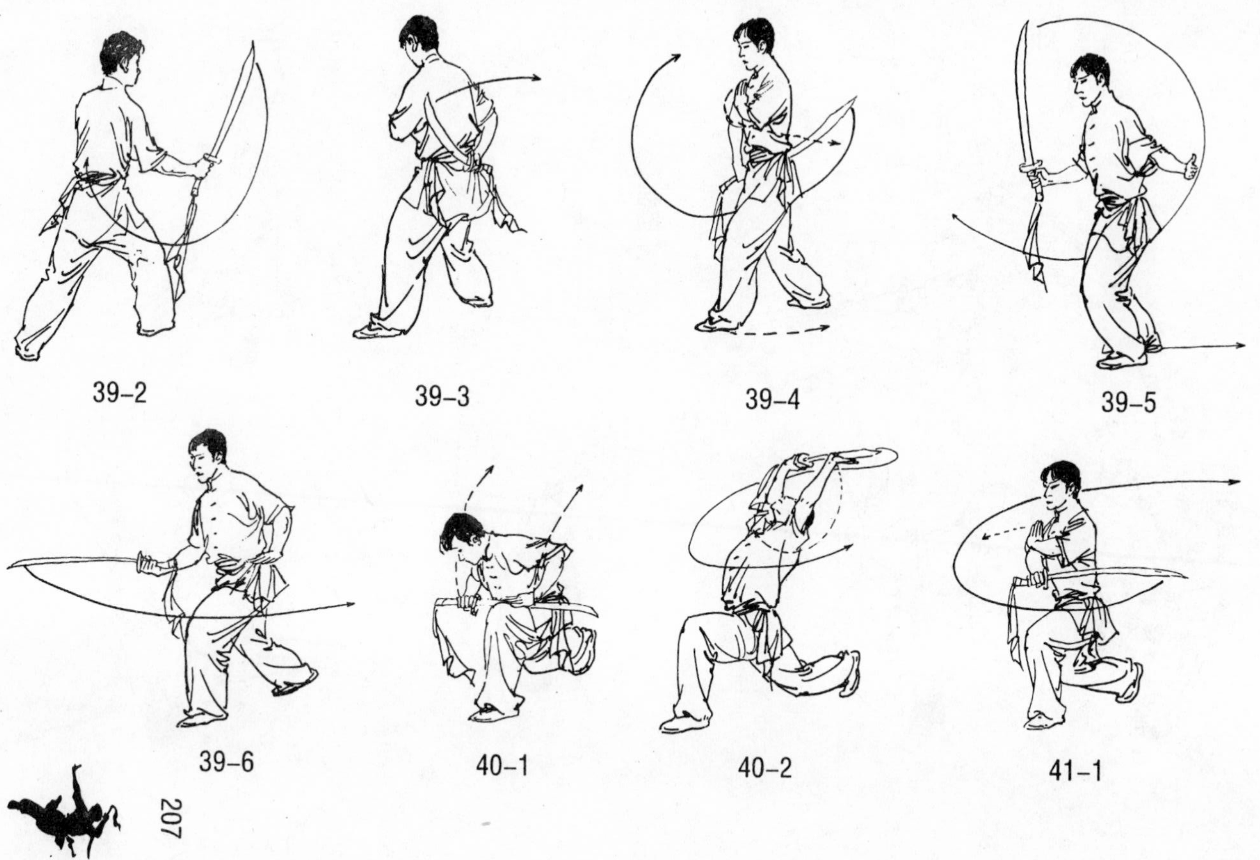
39–2
39–3
39–4
39–5
39–6
40–1
40–2
41–1

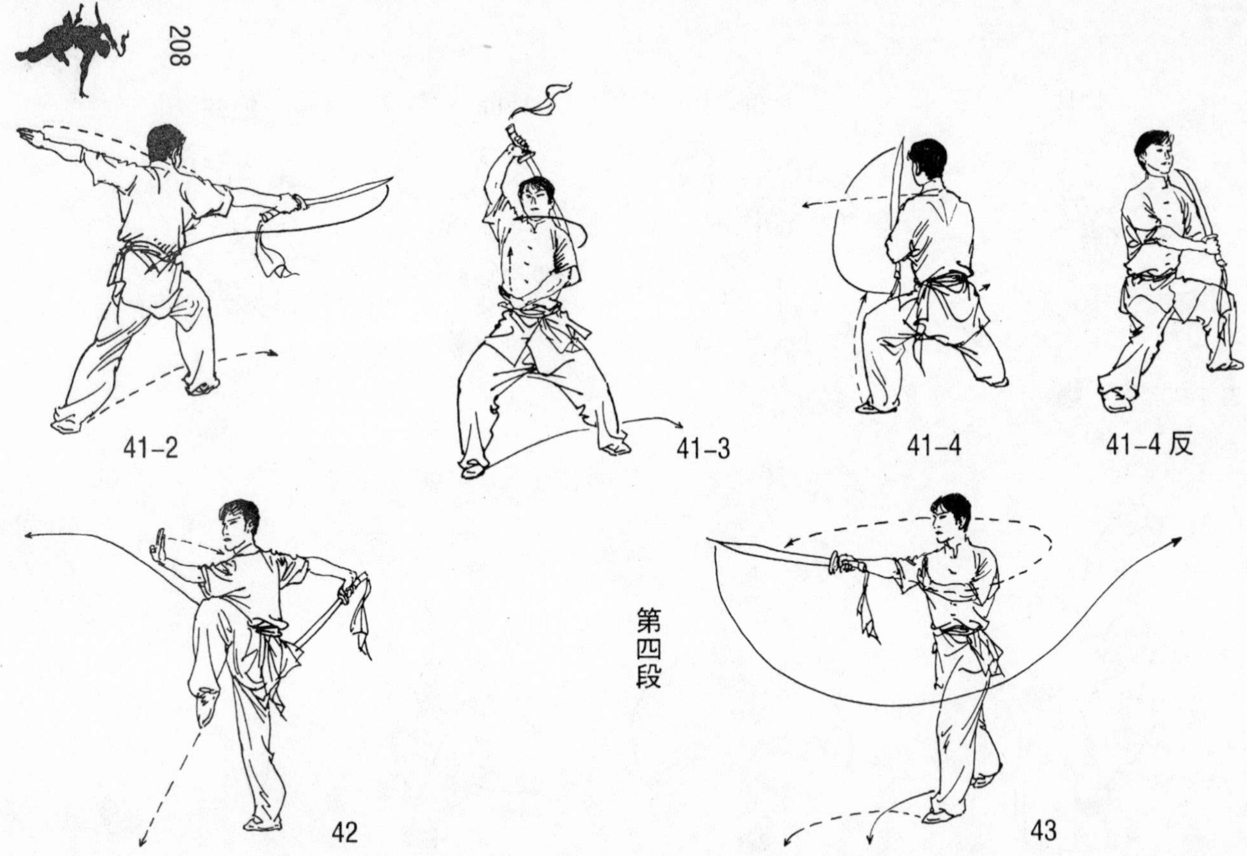
41–2
41–3
41–4
41–4 反
42
第四段
43

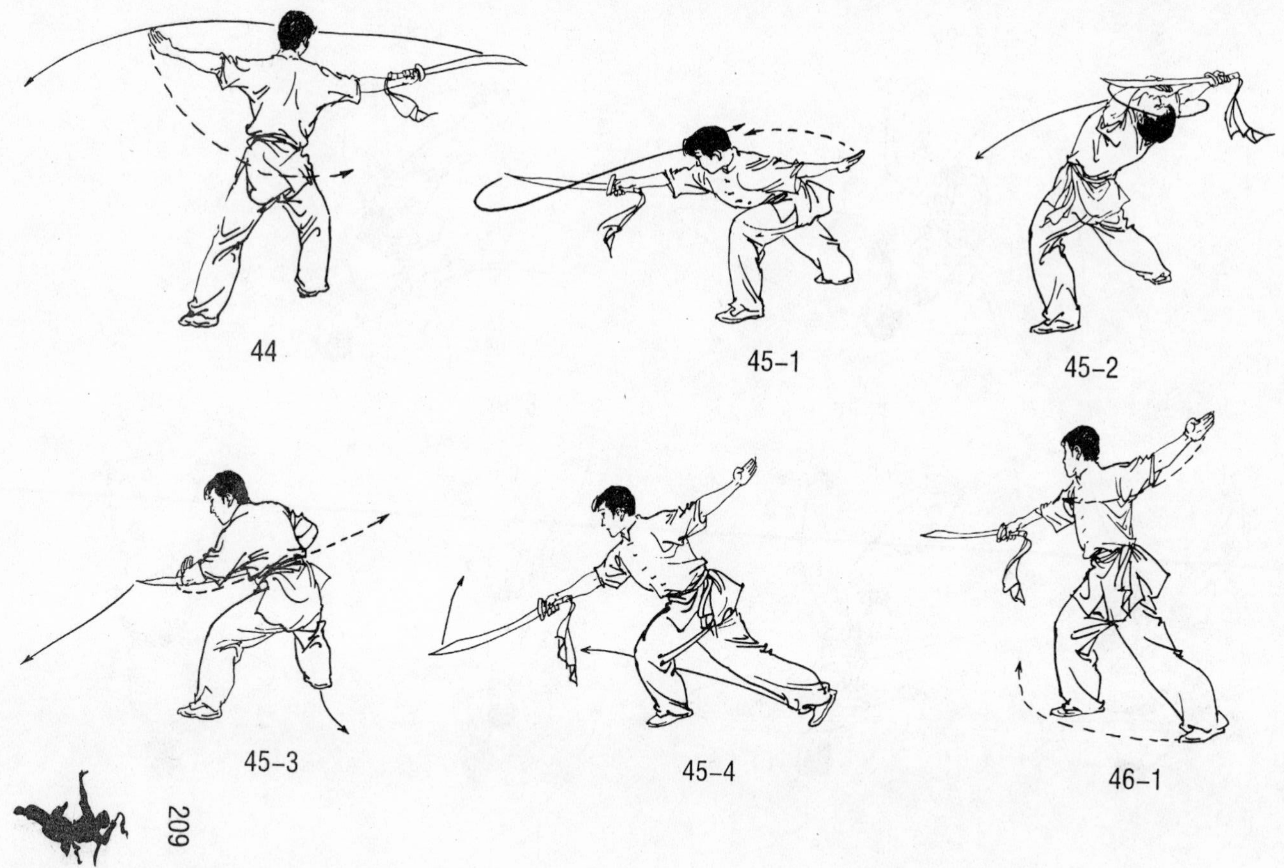
44
45–1
45–2
45–3
45–4
46–1

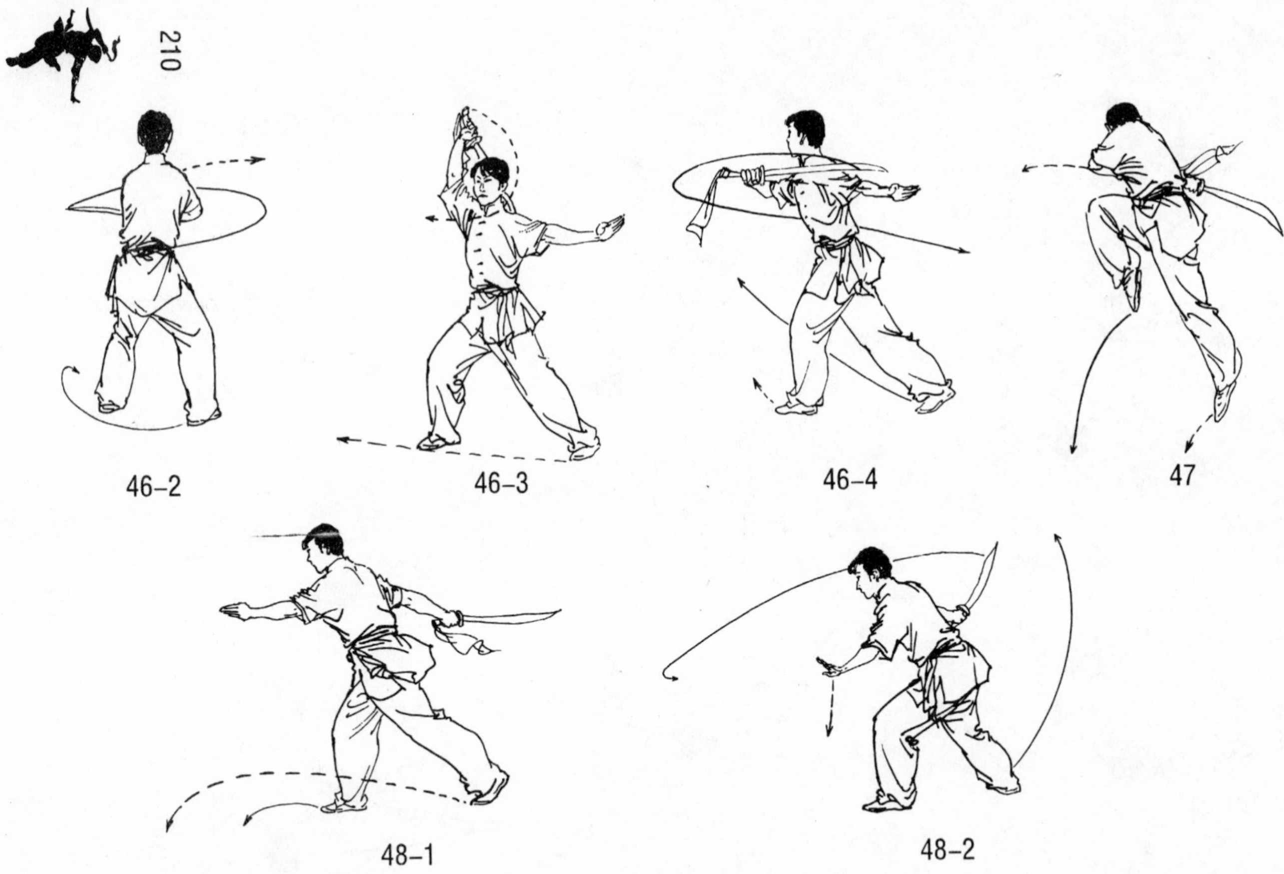

46–2

46–3

46–4

47

48–1

48–2

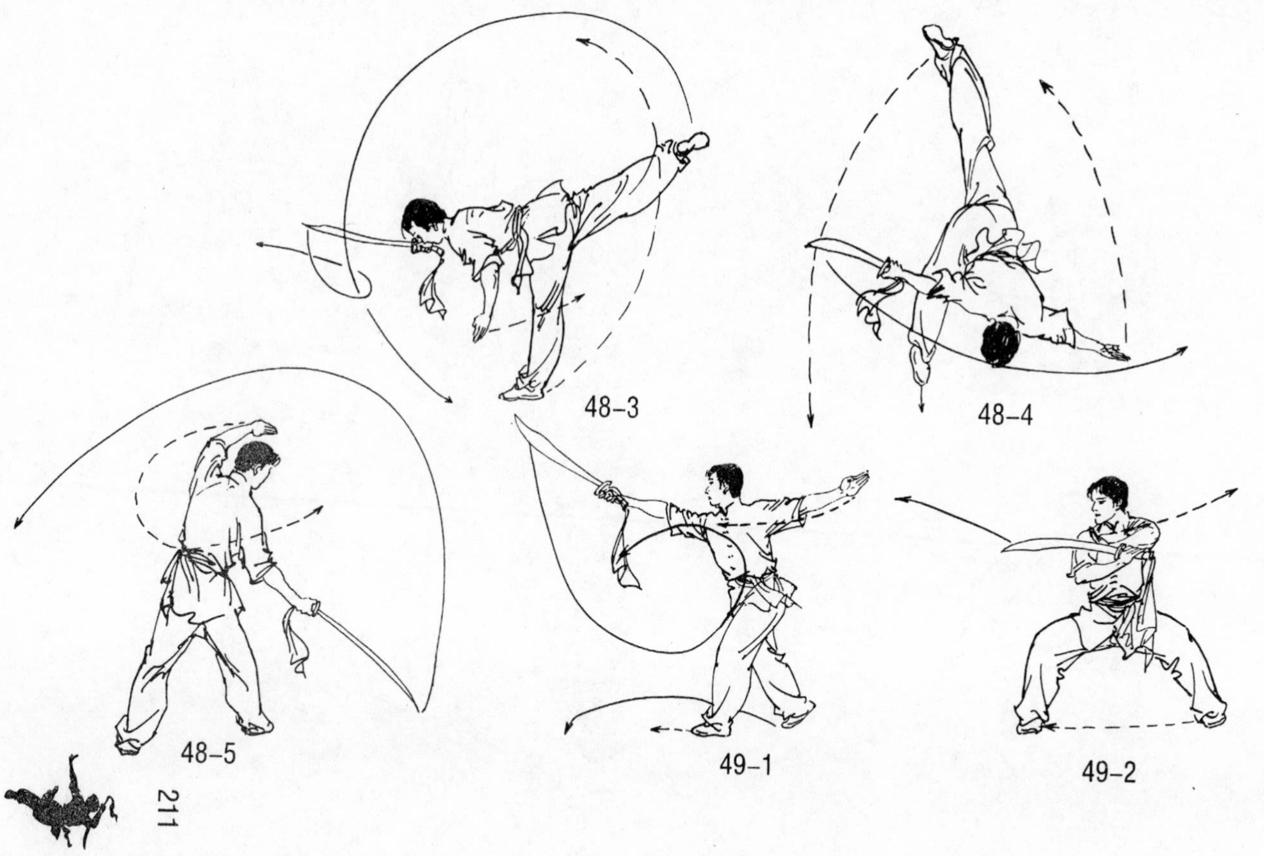

48–3 48–4

48–5 49–1 49–2

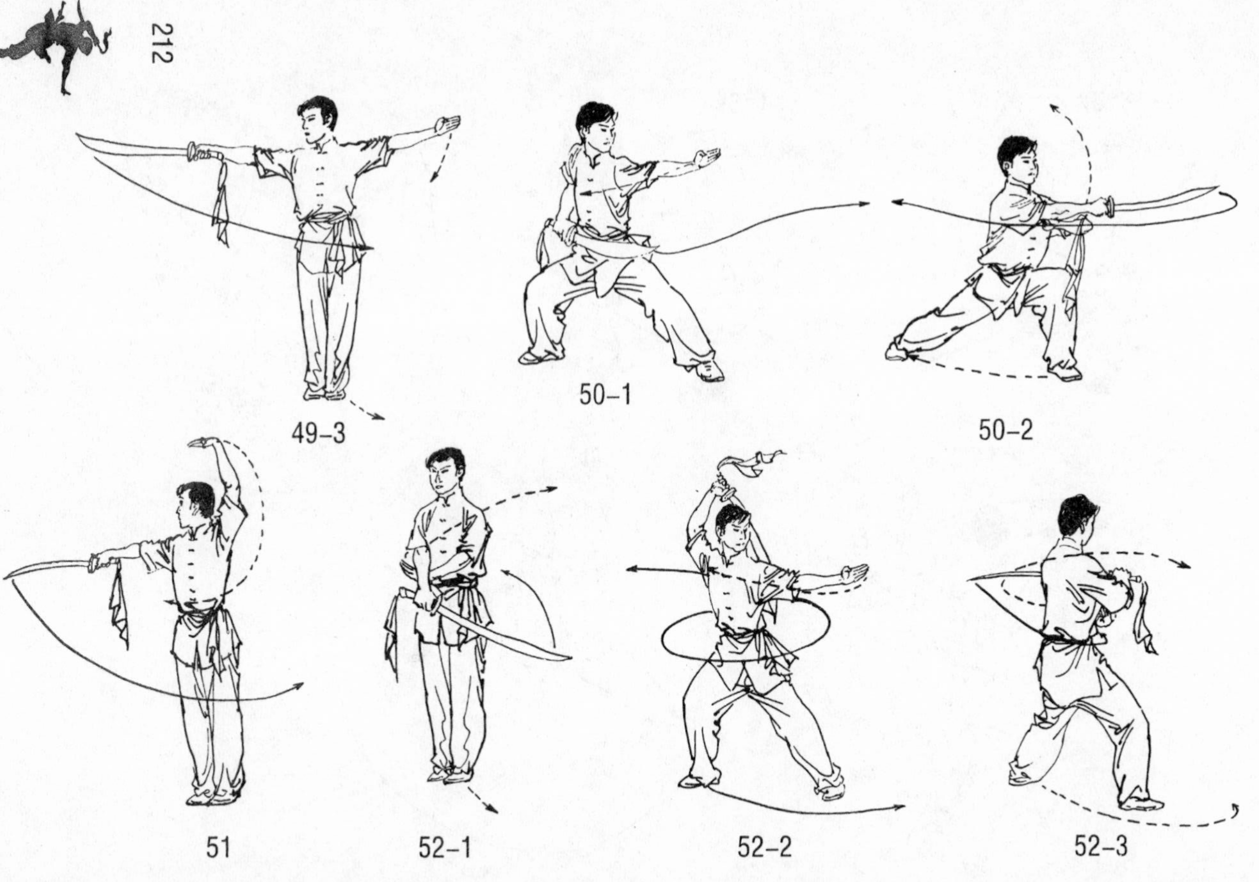

49–3

50–1

50–2

51

52–1

52–2

52–3

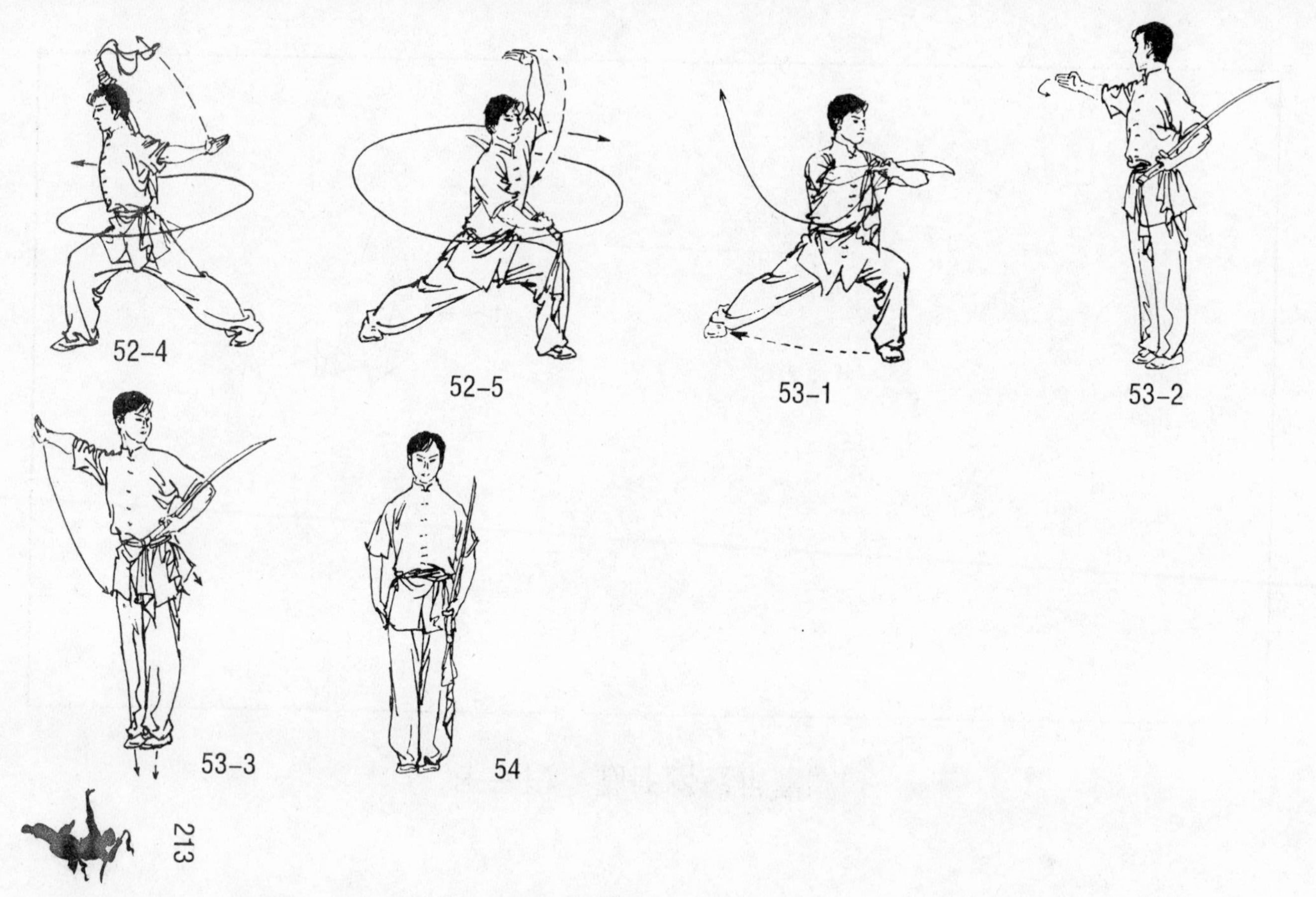
52–4
52–5
53–1
53–2
53–3
54

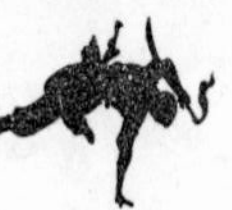

第一段　動作路線示意圖

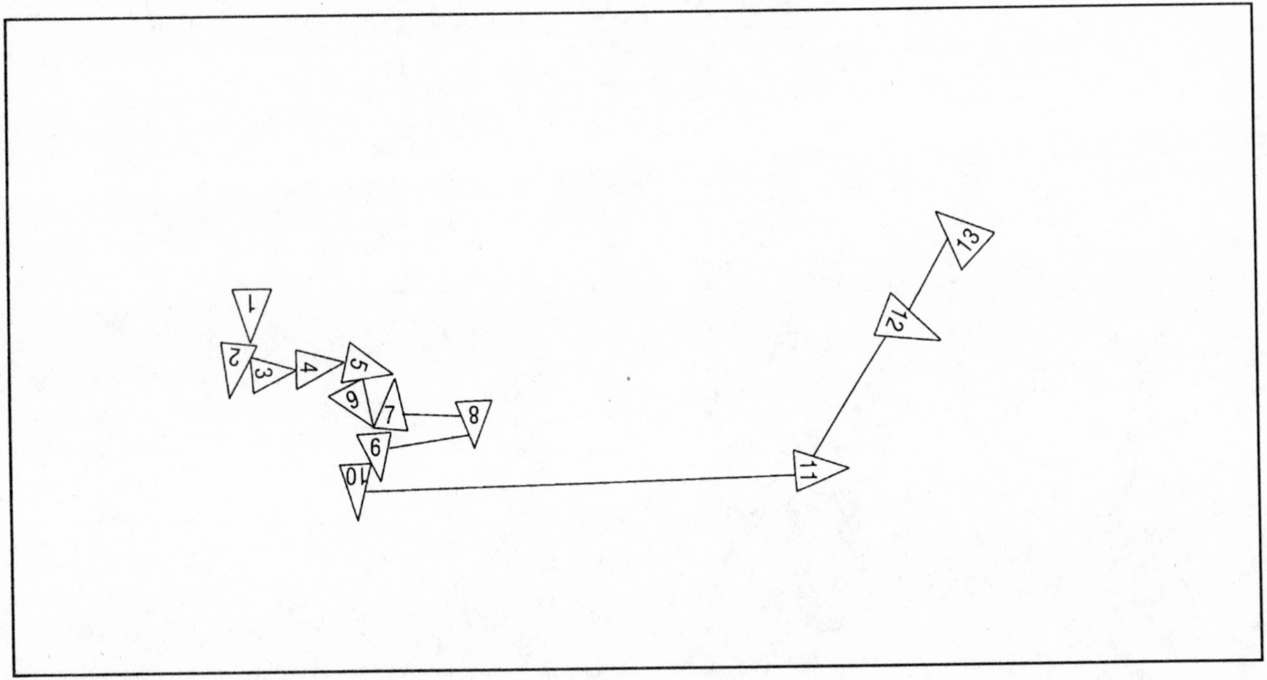

第二段　動作路線示意圖

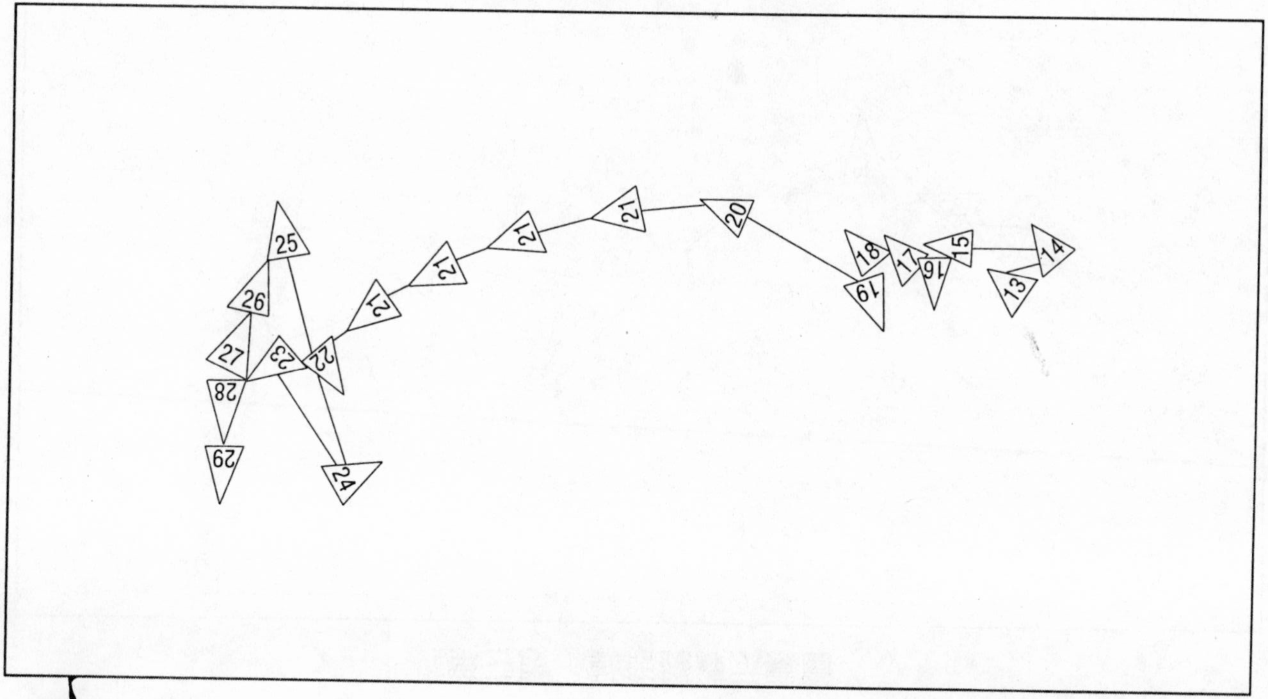

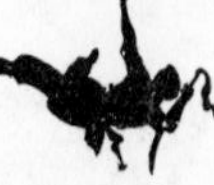

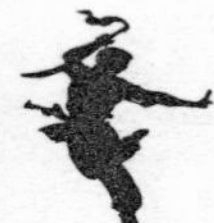

第三段　動作路線示意圖

29 30 31 32 33 34 35 36 37 38 39 40 41 42

第四段　動作路線示意圖

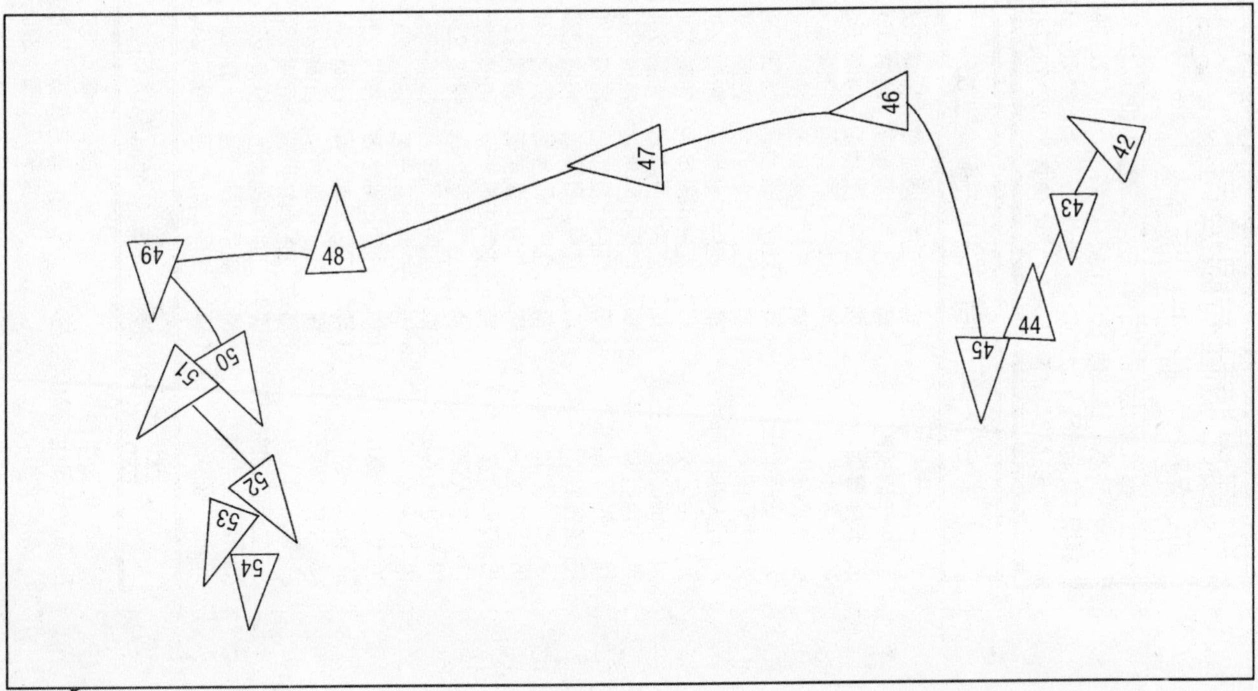

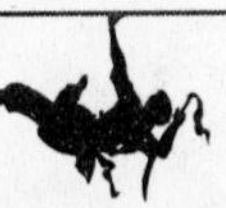

大展出版社有限公司
品冠文化出版社

地址：台北市北投區（石牌）致遠一路二段12巷1號
電話：(02) 28236031 28236033 28233123
郵撥：01669551＜大展＞ 19346241＜品冠＞
傳真：(02) 28272069

圖書目錄

・少年偵探・品冠編號 66

1. 怪盜二十面相 （精） 江戶川亂步著 特價 189 元
2. 少年偵探團 （精） 江戶川亂步著 特價 189 元
3. 妖怪博士 （精） 江戶川亂步著 特價 189 元
4. 大金塊 （精） 江戶川亂步著 特價 230 元
5. 青銅魔人 （精） 江戶川亂步著 特價 230 元
6. 地底魔術王 （精） 江戶川亂步著 特價 230 元
7. 透明怪人 （精） 江戶川亂步著 特價 230 元
8. 怪人四十面相 （精） 江戶川亂步著 特價 230 元
9. 宇宙怪人 （精） 江戶川亂步著 特價 230 元
10. 恐怖的鐵塔王國 （精） 江戶川亂步著 特價 230 元
11. 灰色巨人 （精） 江戶川亂步著 特價 230 元
12. 海底魔術師 （精） 江戶川亂步著 特價 230 元
13. 黃金豹 （精） 江戶川亂步著 特價 230 元
14. 魔法博士 （精） 江戶川亂步著 特價 230 元
15. 馬戲怪人 （精） 江戶川亂步著 特價 230 元
16. 魔人銅鑼 （精） 江戶川亂步著 特價 230 元
17. 魔法人偶 （精） 江戶川亂步著 特價 230 元
18. 奇面城的秘密 （精） 江戶川亂步著 特價 230 元
19. 夜光人 （精） 江戶川亂步著 特價 230 元
20. 塔上的魔術師 （精） 江戶川亂步著 特價 230 元
21. 鐵人Q （精） 江戶川亂步著 特價 230 元
22. 假面恐怖王 （精） 江戶川亂步著 特價 230 元
23. 電人M （精） 江戶川亂步著 特價 230 元
24. 二十面相的詛咒 （精） 江戶川亂步著 特價 230 元
25. 飛天二十面相 （精） 江戶川亂步著 特價 230 元
26. 黃金怪獸 （精） 江戶川亂步著 特價 230 元

・生活廣場・品冠編號 61

1. 366 天誕生星 李芳黛譯 280 元
2. 366 天誕生花與誕生石 李芳黛譯 280 元
3. 科學命相 淺野八郎著 220 元

4. 已知的他界科學　陳蒼杰譯　220 元
5. 開拓未來的他界科學　陳蒼杰譯　220 元
6. 世紀末變態心理犯罪檔案　沈永嘉譯　240 元
7. 366 天開運年鑑　林廷宇編著　230 元
8. 色彩學與你　野村順一著　230 元
9. 科學手相　淺野八郎著　230 元
10. 你也能成為戀愛高手　柯富陽編著　220 元
11. 血型與十二星座　許淑瑛編著　230 元
12. 動物測驗一人性現形　淺野八郎著　200 元
13. 愛情、幸福完全自測　淺野八郎著　200 元
14. 輕鬆攻佔女性　趙奕世編著　230 元
15. 解讀命運密碼　郭宗德著　200 元
16. 由客家了解亞洲　高木桂藏著　220 元

・女醫師系列・品冠編號 62

1. 子宮內膜症　國府田清子著　200 元
2. 子宮肌瘤　黑島淳子著　200 元
3. 上班女性的壓力症候群　池下育子著　200 元
4. 漏尿、尿失禁　中田真木著　200 元
5. 高齡生產　大鷹美子著　200 元
6. 子宮癌　上坊敏子著　200 元
7. 避孕　早乙女智子著　200 元
8. 不孕症　中村春根著　200 元
9. 生理痛與生理不順　堀口雅子著　200 元
10. 更年期　野末悅子著　200 元

・傳統民俗療法・品冠編號 63

1. 神奇刀療法　潘文雄著　200 元
2. 神奇拍打療法　安在峰著　200 元
3. 神奇拔罐療法　安在峰著　200 元
4. 神奇艾灸療法　安在峰著　200 元
5. 神奇貼敷療法　安在峰著　200 元
6. 神奇薰洗療法　安在峰著　200 元
7. 神奇耳穴療法　安在峰著　200 元
8. 神奇指針療法　安在峰著　200 元
9. 神奇藥酒療法　安在峰著　200 元
10. 神奇藥茶療法　安在峰著　200 元
11. 神奇推拿療法　張貴荷著　200 元
12. 神奇止痛療法　漆 浩 著　200 元

・常見病藥膳調養叢書・品冠編號 631

1. 脂肪肝四季飲食　蕭守貴著　200 元
2. 高血壓四季飲食　秦玖剛著　200 元
3. 慢性腎炎四季飲食　魏從強著　200 元
4. 高脂血症四季飲食　薛輝著　200 元
5. 慢性胃炎四季飲食　馬秉祥著　200 元
6. 糖尿病四季飲食　王耀獻著　200 元
7. 癌症四季飲食　李忠著　200 元

・彩色圖解保健・品冠編號 64

1. 瘦身　主婦之友社　300 元
2. 腰痛　主婦之友社　300 元
3. 肩膀痠痛　主婦之友社　300 元
4. 腰、膝、腳的疼痛　主婦之友社　300 元
5. 壓力、精神疲勞　主婦之友社　300 元
6. 眼睛疲勞、視力減退　主婦之友社　300 元

・心 想 事 成・品冠編號 65

1. 魔法愛情點心　結城莫拉著　120 元
2. 可愛手工飾品　結城莫拉著　120 元
3. 可愛打扮 & 髮型　結城莫拉著　120 元
4. 撲克牌算命　結城莫拉著　120 元

・熱 門 新 知・品冠編號 67

1. 圖解基因與 DNA　（精）　中原英臣 主編　230 元
2. 圖解人體的神奇　（精）　米山公啟 主編　230 元
3. 圖解腦與心的構造　（精）　永田和哉 主編　230 元
4. 圖解科學的神奇　（精）　鳥海光弘 主編　230 元
5. 圖解數學的神奇　（精）　柳 谷 晃　著　250 元
6. 圖解基因操作　（精）　海老原充 主編　230 元
7. 圖解後基因組　（精）　才園哲人　著　230 元

・法律專欄連載・大展編號 58

台大法學院　法律學系／策劃
法律服務社／編著

1. 別讓您的權利睡著了(1)　200 元
2. 別讓您的權利睡著了(2)　200 元

・武　術　特　輯・大展編號 10

1. 陳式太極拳入門　馮志強編著　180 元

2. 武式太極拳　郝少如編著　200 元
3. 練功十八法入門　蕭京凌編著　120 元
4. 教門長拳　蕭京凌編著　150 元
5. 跆拳道　蕭京凌編譯　180 元
6. 正傳合氣道　程曉鈴譯　200 元
7. ~~圖解雙節棍　陳銘遠著　150 元~~
8. 格鬥空手道　鄭旭旭編著　200 元
9. 實用跆拳道　陳國榮編著　200 元
10. 武術初學指南　李文英、解守德編著　250 元
11. 泰國拳　陳國榮著　180 元
12. 中國式摔跤　黃　斌編著　180 元
13. 太極劍入門　李德印編著　180 元
14. 太極拳運動　運動司編　250 元
15. 太極拳譜　清・王宗岳等著　280 元
16. 散手初學　冷　峰編著　200 元
17. 南拳　朱瑞琪編著　180 元
18. 吳式太極劍　王培生著　200 元
19. 太極拳健身與技擊　王培生著　250 元
20. 秘傳武當八卦掌　狄兆龍著　250 元
21. 太極拳論譚　沈　壽著　250 元
22. 陳式太極拳技擊法　馬　虹著　250 元
23. 二十四式/三十二式太極拳/劍　闞桂香著　180 元
24. 楊式秘傳 129 式太極長拳　張楚全著　280 元
25. 楊式太極拳架詳解　林炳堯著　280 元
26. 華佗五禽劍　劉時榮著　180 元
27. 太極拳基礎講座：基本功與簡化 24 式　李德印著　250 元
28. 武式太極拳精華　薛乃印著　200 元
29. 陳式太極拳拳理闡微　馬　虹著　350 元
30. 陳式太極拳體用全書　馬　虹著　400 元
31. 張三豐太極拳　陳占奎著　200 元
32. 中國太極推手　張　山主編　300 元
33. 48 式太極拳入門　門惠豐編著　220 元
34. 太極拳奇人奇功　嚴翰秀編著　250 元
35. 心意門秘籍　李新民編著　220 元
36. 三才門乾坤戊己功　王培生編著　220 元
37. 武式太極劍精華 +VCD　薛乃印編著　350 元
38. 楊式太極拳　傅鐘文演述　200 元
39. 陳式太極拳、劍 36 式　闞桂香編著　250 元
40. 正宗武式太極拳　薛乃印著　220 元
41. 杜元化＜太極拳正宗＞考析　王海洲等著　300 元
42. ＜珍貴版＞陳式太極拳　沈家楨著　280 元
43. 24 式太極拳＋VCD　中國國家體育總局著　350 元
44. 太極推手絕技　安在峰編著　250 元
45. 孫祿堂武學錄　孫祿堂著　300 元

46. <珍貴本>陳式太極拳精選 馮志強著 280 元
47. 武當趙保太極拳小架 鄭悟清傳授 250 元
48. 太極拳習練知識問答 邱丕相主編 220 元
49. 八法拳 八法槍 武世俊著 220 元
50. 地趟拳＋VCD 張憲政著 350 元
51. 四十八式太極拳＋VCD 楊 靜演示 400 元
52. 三十二式太極劍＋VCD 楊 靜演示 350 元
53. 隨曲就伸 中國太極拳名家對話錄 余功保著 300 元
54. 陳式太極拳五動八法十三勢 鬫桂香著 200 元

・彩色圖解太極武術・大展編號 102

1. 太極功夫扇 李德印編著 220 元
2. 武當太極劍 李德印編著 220 元
3. 楊式太極劍 李德印編著 220 元
4. 楊式太極刀 王志遠著 220 元
5. 二十四式太極拳（楊式）＋VCD 李德印編著 350 元
6. 三十二式太極劍（楊式）＋VCD 李德印編著 350 元
7. 四十二式太極劍＋VCD 李德印編著
8. 四十二式太極拳＋VCD 李德印編著

・國際武術競賽套路・大展編號 103

1. 長拳 李巧玲執筆 220 元
2. 劍術 程慧琨執筆 220 元
3. 刀術 劉同為執筆 220 元
4. 槍術 張躍寧執筆 220 元
5. 棍術 殷玉柱執筆 220 元

・簡化太極拳・大展編號 104

1. 陳式太極拳十三式 陳正雷編著 200 元
2. 楊式太極拳十三式 楊振鐸編著 200 元
3. 吳式太極拳十三式 李秉慈編著 200 元
4. 武式太極拳十三式 喬松茂編著 200 元
5. 孫式太極拳十三式 孫劍雲編著 200 元
6. 趙堡式太極拳十三式 王海洲編著 200 元

・中國當代太極拳名家名著・大展編號 106

1. 太極拳規範教程 李德印著 550 元
2. 吳式太極拳詮真 王培生著 500 元
3. 武式太極拳詮真 喬松茂著

・名師出高徒・大展編號 111

1. 武術基本功與基本動作　劉玉萍編著　200 元
2. 長拳入門與精進　吳彬等著　220 元
3. 劍術刀術入門與精進　楊柏龍等著　220 元
4. 棍術、槍術入門與精進　邱丕相編著　220 元
5. 南拳入門與精進　朱瑞琪編著　220 元
6. 散手入門與精進　張山等著　220 元
7. 太極拳入門與精進　李德印編著　280 元
8. 太極推手入門與精進　田金龍編著　220 元

・實用武術技擊・大展編號 112

1. 實用自衛拳法　溫佐惠著　250 元
2. 搏擊術精選　陳清山等著　220 元
3. 秘傳防身絕技　程崑彬著　230 元
4. 振藩截拳道入門　陳琦平著　220 元
5. 實用擒拿法　韓建中著　220 元
6. 擒拿反擒拿 88 法　韓建中著　250 元
7. 武當秘門技擊術入門篇　高翔著　250 元
8. 武當秘門技擊術絕技篇　高翔著　250 元

・中國武術規定套路・大展編號 113

1. 螳螂拳　中國武術系列　300 元
2. 劈掛拳　規定套路編寫組　300 元
3. 八極拳　國家體育總局　250 元

・中華傳統武術・大展編號 114

1. 中華古今兵械圖考　裴錫榮主編　280 元
2. 武當劍　陳湘陵編著　200 元
3. 梁派八卦掌（老八掌）　李子鳴遺著　220 元
4. 少林 72 藝與武當 36 功　裴錫榮主編　230 元
5. 三十六把擒拿　佐藤金兵衛主編　200 元
6. 武當太極拳與盤手 20 法　裴錫榮主編　220 元

・少林功夫・大展編號 115

1. 少林打擂秘訣　德虔、素法編著　300 元
2. 少林三大名拳 炮拳、大洪拳、六合拳　門惠豐等著　200 元
3. 少林三絕 氣功、點穴、擒拿　德虔編著　300 元
4. 少林怪兵器秘傳　素法等著　250 元
5. 少林護身暗器秘傳　素法等著　220 元

國家圖書館出版品預行編目資料

刀術／李杰　主編　國際武術聯合會　審定　劉同爲　執筆
——初版，——臺北市，大展，2003〔民92〕
面；21公分，——（國際武術競賽套路；3）
ISBN 957-468-259-5（平裝）

1. 刀槍術

528.975　　92015968

刀　術

ISBN 957-468-259-5

主編者／李　杰
審　定／國際武術聯合會
執　筆／劉同爲
責任編輯／鄭小鋒
發行人／蔡森明
出版者／大展出版社有限公司
社　址／台北市北投區（石牌）致遠一路2段12巷1號
電　話／（02）28236031・28236033・28233123
傳　眞／（02）28272069
郵政劃撥／01669551
網　址／www.dah-jaan.com.tw
E-mail／dah_jaan@pchome.com.tw
登記證／局版臺業字第2171號
承印者／高星印刷品行
裝　訂／協億印製廠股份有限公司
排版者／弘益電腦排版有限公司
初版1刷／2003年（民92年）12月

定　價／220元

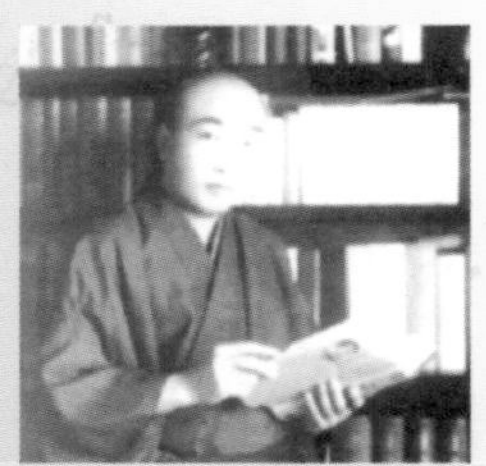
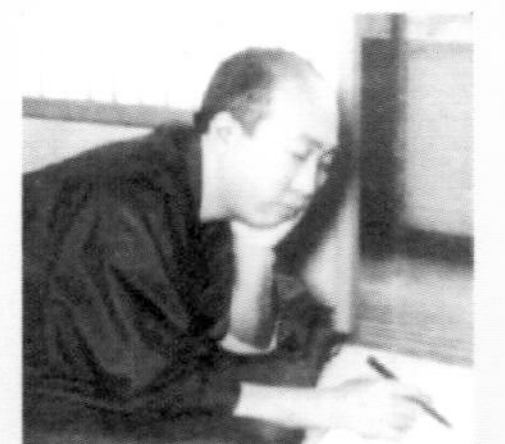
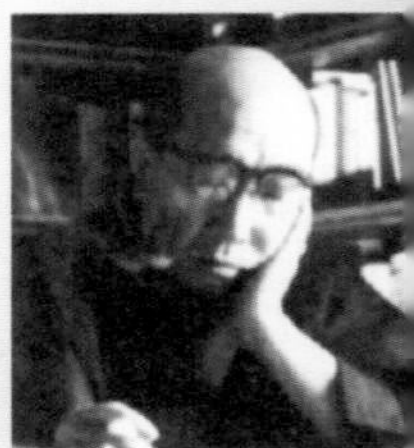

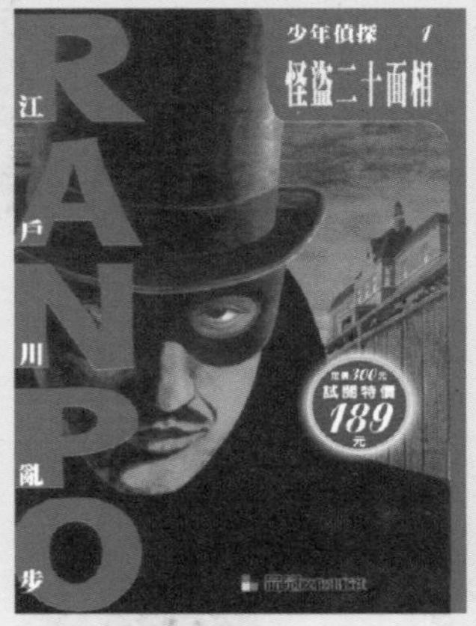

少年偵探 1
怪盜二十面相
RANPO
江戶川亂步
試閱特價
189
元

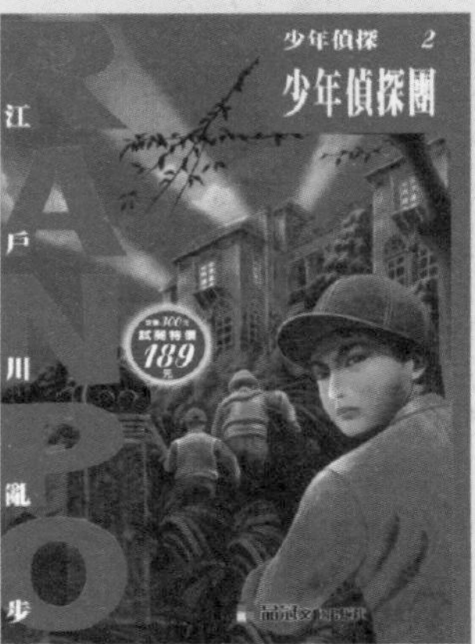

少年偵探 2
少年偵探團
RANPO
江戶川亂步
試閱特價
189
元

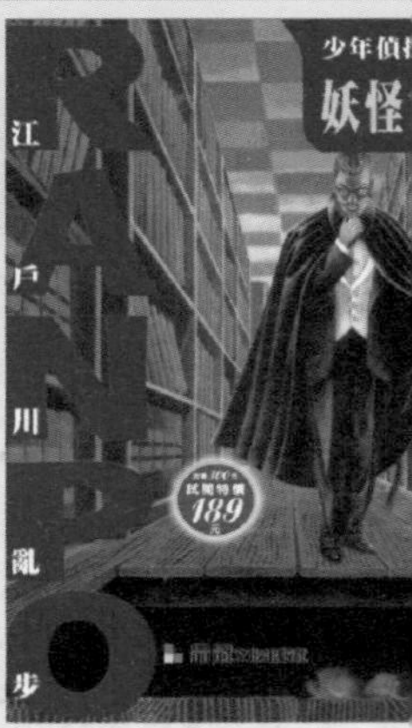

少年偵
妖怪
RANPO
江戶川亂步
試閱特價
189
元